JACQUESON

UN DÉPORTÉ

POUR

LA FOI

QUATRE LETTRES DU SIEUR SERRES

DE MONTPELLIER

Prisonnier à Aigues-Mortes et déporté aux Antilles après la Révocation de l'Édit de Nantes,

PUBLIÉ

Sur l'édition de 1688, et accompagné d'une préface, de notes et de pièces justificatives,

PAR

MATTHIEU LELIÈVRE

PARIS
LIBRAIRIE ÉVANGÉLIQUE
4, RUE ROQUÉPINE

1881

UN DÉPORTÉ

POUR

LA FOI

VERSAILLES

IMPRIMERIE CERF ET FILS

59, RUE DUPLESSIS.

UN DÉPORTÉ

POUR

LA FOI

QUATRE LETTRES DU SIEUR SERRES

DE MONTPELLIER

Prisonnier à Aigues-Mortes et déporté aux Antilles après la Révocation de l'Édit de Nantes;

PUBLIÉ

Sur l'édition de 1688, et accompagné d'une préface, de note et de pièces justificatives,

PAR

MATTHIEU LELIÈVRE.

PARIS
LIBRAIRIE ÉVANGÉLIQUE
4, RUE ROQUÉPINE.

1881

QUATRE RELATIONS VERITABLES DU SIEUR SERRES DE MONTPELLIER;

Touchant ce qui s'est passé de remarquable dans sa Prison en France pour fait de Religion; Dans son Voyage de l'Amerique en qualité de Prisonnier pour le mesme sujet, avec les circonstances au vrai du triste naufrage que fit le Vaisseau où il etoit; Sa Captivité tandis qu'il a été dans l'Amerique; & sa Délivrance, lors qu'il en est sorti.

A AMSTERDAM,
Chez PAUL MARRET, dans le Hal-Steeg, ou Ruë des Cordoniers. 1688

PRÉFACE

L'ouvrage, dont nous publions aujourd'hui une nouvelle édition, a été imprimé pour la première fois, en 1688, à Amsterdam, chez Paul Marret, comme en fait foi le fac-simile héliographique du titre que nous donnons en tête de ce volume. L'exemplaire qui est entre nos mains a été trouvé en Suisse, l'été dernier, par une dame qui a bien voulu nous le confier et nous autoriser à le reproduire. Nous l'avons lu avec un intérêt et une émotion qui n'ont cessé de grandir, et nous avons eu, dès le premier moment, la conviction que nous avions mis la main sur un document de grande valeur, sur l'une des pages les plus touchantes du long martyrologe de l'Eglise réformée de France.

Cette Relation, sans doute, n'était pas inédite, mais elle était à peu près oubliée. La France protestante *mentionne, il est vrai, ce petit volume; mais l'insuffisance et les erreurs de la courte notice que les frères Haag consacrent à Serres prouvent assez qu'ils n'ont pas eu son ouvrage entre les mains. La riche collection du* Bulletin de l'Histoire du protestantisme français *ne le mentionne pas, mais elle nomme une fois son auteur dans le curieux* Récit manuscrit de Jean Nissolle *(t. X, p. 442, et t. XI, p. 39), qui fut le compagnon de Serres dans les prisons d'Aigues-Mortes. Le savant directeur du* Bulletin, *M. Jules Bonnet, à l'érudition duquel nous avons demandé des lumières, nous a dit n'avoir jamais rencontré encore cet opuscule, dont la valeur l'a beaucoup frappé.*

Le supplément du Manuel du libraire *de Brunet l'indique avec cette remarque:*

« Petit volume curieux et surtout fort rare. »

Nous l'avons vainement cherché à la Bibliothèque nationale.

La Bibliothèque du protestantisme français ne le possède pas non plus ; mais nous y avons découvert une traduction anglaise de cet écrit, publiée à Londres, en 1723, par Claude d'Assas (1). Ce traducteur appartenait à la vieille famille du Vigan, dont l'un des membres, le chevalier d'Assas, devait s'illustrer à Clostercamp. Il nous donne, dans sa préface, des détails sur lui-même qui méritent de trouver place ici :

« Je suis né catholique romain, et

---

(1) Popish Cruelty exemplified in the various sufferings of Mr Serres, and several other French Gentlemen, for the sake of conscience, shewing the true spirit of that persecuting Religion, and what may be expected from it, if it ever should be uppermost in these Kingdoms. In several Letters to a Friend. To which is added a Letter from an Abbot to the Translator, in order to bring him back to the Romish Religion he had forsaken. Done in English by Claud d'Assas. *London*, *J. Peele, MDCCXXIII.*

quoique descendant de parents protestants, comme on peut le voir par les lettres de M. Serres, où il est fait mention de mon grand-père, M. de Fouquet de Bolzebars, je fus néanmoins élevé dans la religion romaine; et, comme je ne connaissais rien de la vraie foi, je me laissais aller, avec toute la sincérité et tout le zèle possibles, à considérer tous les protestants comme damnés.

» Je n'avais pas encore onze ans, quand mon père, qui de protestant s'était fait papiste, et même papiste persécuteur, me fit tonsurer, pensant qu'il pourrait, par lui-même ou par ses relations, m'obtenir un bon bénéfice dans l'Eglise; je l'aurais eu, en effet, si j'étais demeuré trois mois de plus en France; mais, Dieu soit béni, je découvris, à cette époque même, avec le secours d'une tante, les erreurs de cette religion cruelle dans laquelle j'étais né.

» Je n'eus pas plus tôt fait cette importante découverte, que je m'appliquai

à lire les Ecritures. Je n'y trouvai aucune de ces fraudes qui sont si fort en vogue dans cette religion, et sa fausseté me fut tellement démontrée, que je me résolus à quitter mon pays et toutes ses séductions pour aller chercher un lieu où je pusse être à l'abri de la tyrannie du pape et de tous ses adhérents, ne pouvant plus m'y soumettre sans agir contre ma conscience.

» Je m'enfuis donc d'Avignon, où j'étudiais la théologie au séminaire de Saint-Charles. Un des abbés de cette ville m'écrivit pour me ramener, comme il disait, au giron de l'Eglise.

» J'ai pu, avec l'aide de Dieu, résister à toutes ses promesses et à tous les avantages qui m'ont été offerts par mon père, et j'en remercierai Dieu aussi longtemps que je vivrai (1). »

Les faits racontés dans les quatre Ro-

---

(1) *Claude d'Assas a donné, en appendice à sa traduction des* Relations *de Serres, les lettres que lui*

lations *de Serres portent le cachet de la vérité. La forme de lettres à un ami, adoptée par l'auteur, est probablement conventionnelle, et son style, qui ne manque pas de mérite, indique une certaine préoccupation littéraire. Mais l'authenticité des faits est démontrée, non-seulement par l'accent de sincérité de l'auteur, par l'abondance des détails et des noms propres, mais encore par les témoignages contemporains les plus décisifs. Les noms qu'il cite, soit parmi ses compagnons de captivité à Aigues-Mortes, soit parmi ses compagnons de naufrage, se retrouvent dans les listes de confesseurs publiées par Elie Benoît et Jurieu.*

écrivirent les abbés Finiels et de Boussicaut, d'Avignon, pour le ramener au catholicisme. Il publie également des lettres de quelques protestants français persécutés. L'une d'elles nous a frappé par sa beauté, et comme elle se rapporte à la famille de Fouquet, dont il est beaucoup question dans le présent opuscule, nous la publions dans l'appendice, d'après le texte original que nous avons trouvé dans les Lettres pastorales *de Jurieu* (*Voir* Appendice III).

Les Lettres pastorales *de ce dernier corroborent de la façon la plus remarquable les faits racontés par Serres.*

Voici, par exemple, un passage où il est nommé avec plusieurs autres, de ses compagnons de déportation :

« Entre ces gens-là (déportés en Amérique), il y en a de très illustres. Entr'autres, un avocat de Nîmes, nommé M. Ducros, qui s'est distingué par une confession de dix-huit mois, qu'il a passés dans un cachot noir, infect et bourbeux, accablé des persécutions verbales de l'évêque de Mirepoix, sans avoir jamais voulu signer. On ne peut pas rendre un plus glorieux témoignage à la force, à la piété, à la constance et au zèle d'un confesseur qu'on en rend unanimement à celui-ci. Le voilà, présentement, qui s'en va porter le flambeau de la foi dans un autre monde : et j'espère qu'elle y allumera d'autres flambeaux. Là sont aussi M. Guiraud et M. Martin, aussi de Nîmes, qui ne sont

guère moins illustres par leur persévérance et par leur piété, n'ayant jamais voulu signer ; M. Serre, de Montpellier, M. Guy, de Bédarieux, une veuve nommée Mme de Bosc, et sa sœur, Mlle de Cavaillé, avec le sieur Martin, aussi de Montpellier ; deux sœurs de M. Arnaud, ministre de Vauvert, sont aussi du nombre (1). »

Nous donnons en appendice deux pièces importantes, publiées par Jurieu, qui confirment pleinement le récit de Serres. L'une est une lettre d'un officier français qui fit visite, pendant une relâche sur les côtes d'Espagne, aux prisonniers huguenots dans le navire qui les transportait en Amérique. L'autre est une relation du naufrage écrite par un autre déporté, Pierre Issanchon, chirurgien de Montauban (2).

Une autre pièce justificative, qui a

---

(1) Lettres pastorales, 5e *édit. Amsterdam* 1688. *Tome I, lettre XVI.*

(2) *Tome X, p.* 432, *et t. XI, p.* 59.

bien son prix et que nous donnons également, c'est le récit de l'évasion de Jean Nissolle de sa prison d'Aigues-Mortes, récit qui a été publié, pour la première fois, dans le Bulletin de la Société de l'Histoire du protestantisme français.

Sur l'auteur des Quatre Relations, *nous n'avons à peu près rien découvert de plus que ce que racontent de lui ces émouvants chapitres de son autobiographie. Les frères Haag nous apprennent seulement que son prénom était Etienne, et qu'il était receveur des tailles à Montpellier. Se fixa-t-il définitivement en Hollande? Put-il arracher ses enfants aux couvents qui s'en étaient emparés? Où et quand mourut-il? Ce sont là des questions auxquelles nous n'avons aucune réponse à faire. Mais ce que nous savons de lui, par ses lettres, suffit pour nous donner une haute idée de sa valeur morale et religieuse. Et nous sommes assuré qu'après les avoir lues, nos lecteurs penseront avec nous qu'il valait la peine d'arracher ces pages à l'oubli.*

Elles jettent, d'ailleurs, un jour nouveau sur l'un des châtiments les plus barbares, mais jusqu'ici les moins étudiés, qui frappèrent les réformés coupables d'avoir résisté à la Révocation. On a beaucoup écrit sur le refuge, sur les galères, sur la tour de Constance, etc., et l'on a publié des lettres et des mémoires pleins d'intérêt de prisonniers et de forçats pour la foi. Ces mémoires d'un déporté pour la foi *contribueront en quelque mesure à combler la lacune que j'indique.*

J'ai reproduit très fidèlement l'édition de 1688, sans toucher au style. Je me suis borné à moderniser et surtout à corriger l'orthographe et la ponctuation qui étaient très défectueuses. Je me suis aussi permis de corriger un grand nombre de noms de localités que les imprimeurs hollandais avaient estropiés.

Paris, 7 décembre 1880.

UN DÉPORTÉ POUR LA FOI

PREMIÈRE RELATION

DU TEMPS, DE LA CRUAUTÉ ET DE LA DURÉE DE LA PRISON DU SIEUR SERRES EN FRANCE.

A un de ses amis.

Vous voulez, Monsieur, que je vous fasse savoir ce qui s'est passé sur le sujet de mon emprisonnement, et ce qui se passe dans ma prison ; ces choses font tant de tort à ceux qui persécutent notre sainte religion, et qui font souffrir ceux qui veulent lui être fidèles dans notre patrie, que je ne saurais me résoudre à vous en faire une relation exacte, si votre désir ne m'y obligeait. En voici l'histoire au vrai comme vous la souhaitez.

Aussitôt qu'on eût appris à Montpellier que les troupes du roi étaient arrivées à Montauban, et que, conformément à leur mission, elles y exerçaient une infinité de cruautés pour obliger les Réformés à changer de religion, je fus fort sollicité à sortir du royaume, et j'en étais d'autant plus pressé, que j'avais alors en main de quoi faire mon voyage et de quoi vivre commodément ailleurs, étant muni des deniers du roi que je levais en trois communautés de la province; mais, bien qu'on me fît alors entendre, et qu'il fût très vrai, que je laissais des fonds et des effets en France, qui allaient au-delà de tout ce que je pouvais emporter des deniers du roi, par une délicatesse de conscience que je dois à la pureté de notre religion, je voulus rendre mes comptes de tout ce que j'avais en main des deniers de Sa Majesté, pour abandonner après ma misérable patrie sans soupçon et sans reproche de ce côté-là.

Je pris la résolution de la quitter, voyant qu'elle allait être exposée à toutes sortes de violences ; et, dans la crainte que j'eus que notre province serait bientôt inondée des dragons, et que ces cruels missionnaires mettraient tout en œuvre pour nous ravir nos biens et nos consciences, je tâchai de mettre à couvert tout ce que je pus tirer de ma maison, j'envoyai mes enfants à la campagne avec une sœur de ma mère, et je me retirai moi-même dans un autre lieu, après avoir conjuré ma mère et une de mes tantes qui voulurent demeurer chez moi, à Montpellier, d'abandonner ma maison aussitôt qu'elles verraient arriver les troupes, et de s'aller réfugier chez un papiste de mes amis, qui m'avait promis de me faire trouver chez lui quelque asile ; elles me promirent toutes deux de faire ce que je souhaitais.

Je ne les eus pas plus tôt mises dans cette disposition que les troupes, qui avaient déjà fait succomber Montauban et les autres villes du haut Languedoc, eurent ordre d'aller exercer leur mission et poursuivre leur projet jusque dans Montpellier. La nouvelle en étant répandue, elle porta tant d'épouvante dans la ville que tout le monde perdit cœur, et se rendit à la vue de ces cruelles légions. Ma mère et ma tante, bien loin d'abandonner tout, comme je leur avais dit, demeurèrent dans la ville pour garder ce qui était dans la maison, et, n'ignorant pas l'endroit où j'étais caché, elles y envoyèrent un homme pour m'avertir que tout le monde avait signé le papisme, et pour me prier de me rendre incessamment chez moi, afin d'éviter par ma présence un logement de vingt-quatre dragons, dont on les menaçait. Cette nouvelle m'affligea beaucoup, car je crus d'abord que ma mère et ma tante étaient du nombre des personnes qui avaient fait naufrage quant à la foi, ou que du moins elles avaient promis leur signature pour cela. Je leur écrivis par leur messager, pour leur faire voir le grand crime qu'avaient commis ceux qui avaient laissé la pureté de notre religion pour éviter des souffrances passagères, et la perte des biens qui ne sont rien en comparaison de ceux de l'éternité ; je leur fis en même temps connaître que, bien loin d'être disposé à suivre les funestes exemples qu'elles me présentaient, j'avais fait déjà un sacrifice à Dieu, non seulement de mes biens, mais même de ma vie, et que j'étais tout résolu de la perdre plutôt que d'entrer dans cette religion idolâtre, où tant d'autres personnes étaient déjà entrées, et, avant que de temporiser pour éviter un logement des dragons qu'elles craignaient si fort, les exhortant enfin à m'imiter si elles aimaient leur salut.

Mon beau-père, qui est papiste d'origine, fit tous ses efforts pour m'attirer chez moi ; il m'envoya des personnes exprès pour m'obliger à retourner dans ma maison, ou à relâcher mes enfants, me disant qu'ils pourraient me conserver mes biens qui étaient sur le point de périr. Mais tous les efforts furent inutiles sur l'un et sur l'autre de ces sujets. Mon beau-père ne se rebuta point, quelque résistance qu'il trouvât en moi ; voici le moyen qu'il mit encore en œuvre pour réussir dans son dessein. Il obligea ma mère à venir elle-même au lieu où j'étais, accompagnée d'un de mes beaux-frères et d'un professeur en médecine, qui était fort de mes amis. Ici le sang, l'alliance et l'amitié se joignirent ensemble et firent tous leurs efforts pour m'obliger à changer de religion ; mais j'arrêtai leurs instances, en disant à ma mère qui faisait ses efforts près de moi en particulier : Arrière de moi, Satan, tu ne me tenteras point. Le transport de la douleur, qui accompagnait alors la crainte de Dieu qui parlait en moi, fit sortir cette voix de ma bouche. Elle frappa si fort ma mère, qu'elle n'osa plus me tenir le langage qu'elle m'avait tenu, et ce qui me console, c'est que Dieu lui fit la grâce, peu de temps après, de reconnaître sa faute et d'en demander pardon à Dieu.

Ne me trouvant guère en sûreté dans le lieu où je fus visité par les personnes dont je viens de vous parler, je ne balançai point à le quitter. Je fus errant d'un côté et d'autre, jusques à la fin du mois de novembre 1685, auquel temps, ayant été trahi par un homme qui se disait de mes amis et que je croyais tel, je fus pris en vertu d'un ordre de M. le duc de Noailles et conduit dans la citadelle de Montpellier.

Cette prison ne servit qu'à me consoler et à me fortifier dans le dessein que j'avais fait de souffrir tout pour les intérêts de mon Dieu et de ma conscience. J'y trouvai de dignes confesseurs qui m'avaient devancé dans les chaînes et qui m'apprirent avec quelle constance je devais les porter ; je fus joint à M. Blanc, ministre de Marvéjols, à M. de la Beaume du Vigan, au sieur Charles Le Jeune de Villeneuve de Berg (1), et à quelques autres bons chrétiens, que le seul intérêt de la religion avait fait prisonniers. Nous fûmes assez tranquilles tous ensemble pendant un mois et demi, mais après nous eûmes à essuyer divers combats de la part des ennemis de notre profession. Comme ils ne nous avaient mis en prison que dans la pensée que nous serions les plus faibles et qu'ils y trouveraient leur fort, ils vinrent nous y livrer diverses attaques.

Je fus visité en mon particulier de deux prêtres de l'Oratoire qui, comme amis de mon beau-père et à sa sollicitation, me firent diverses propositions. Ces religieux prirent d'abord les belles apparences de zèle et de charité dont les ordres de leur religion se couvrent ordinairement. Ils me dirent qu'ils gémissaient de mon infortune, qu'ils compatis-

---

(1) Ou peut-être Villeneuve de Boso (Ariège).

saient à mes maux, qu'ils croyaient bien que je croyais ma religion bonne, et qu'à moins d'une grâce extraordinaire je n'embrasserais point la leur. Ils m'assurèrent qu'ils n'étaient point venus me voir pour me convaincre de la pureté de la religion catholique, qu'ils laissaient à Dieu le soin de ma conversion, que, sans me parler de changer de religion, ils me promettaient mon élargissement pourvu seulement que je leur déclarasse l'endroit où mes enfants étaient cachés.

Cette demande me découvrit assez le malheureux dessein qu'ils cachaient, sous les couleurs de la charité et de l'honnêteté. Leur dessein m'étant connu et le salut de mes enfants ne m'étant pas moins cher que le mien, je leur répondis qu'ils s'étaient mal adressés, qu'ils ne connaissaient pas bien mon cœur, ni ce que je sentais de mon sort, que je trouvais dans ma prison des douceurs préférables à la liberté la plus douce qu'ils pourraient me procurer, et que, quant à mes enfants, fussent-ils sourds et muets, incapables de se laisser séduire, je ne les mettrais jamais entre leurs mains, que je n'avais point de plus grand désir que de pouvoir dire à Dieu, après la fidélité de mes enfants et la mienne en son service : Me voici et les enfants que tu m'as donnés. J'éprouvai dans cette occasion la vérité de ce que dit saint Jacques (IV, 7) : *Résistez au diable, et il s'enfuira de vous*, car les religieux, ayant vu ma résistance, me quittèrent et ne répliquèrent que peu de chose à mon discours.

Peu de jours après, je fus mis dans une plus obscure prison, avec Monsieur de Fouquet, sieur de Boizebars, gentilhomme du Vigan (1). Il n'y avait dans ce lieu qu'une fenêtre qui y communiquait quelque lumière, mais qu'on ferma bientôt après

(1) Le traducteur anglais de cette relation, Claude d'Assas, était le petit-fils de ce gentilhomme. On lira à l'appendice III une belle lettre de l'héroïque sœur de M. de Fouquet. Ce nom ne figure pas dans la *France protestante*.

que j'y fus, ce qui nous plongea dans des ténèbres continuelles, et cela dura plus d'un mois.

Sur la fin du mois de mars de l'année 1686, les puissances eurent ordre de transférer à Aigues-Mortes tous les prisonniers de la citadelle de Montpellier. Cet ordre fut d'abord exécuté. Tous les prisonniers qui avaient été mis dans la citadelle pour le sujet de la religion en furent tirés, et tous furent menés dans la prison d'Aigues-Mortes, attachés deux à deux, avec des fers aux mains. On me laissa seul dans la citadelle à cause des affaires dont je me trouvais chargé. On y retint les hardes des prisonniers qui en sortirent, disant qu'il fallait qu'elles servissent à payer le droit de geôle. On m'y fit encore changer de prison, de telle manière que je me trouvai seul dans un endroit qui n'était pas moins obscur que celui que je venais de quitter. Je fus visité plusieurs fois dans cette prison de toutes sortes de moines, et j'y reçus enfin une visite du professeur de médecine dont j'ai parlé. Nous eûmes un long entretien ensemble sur les moyens dont on se servait pour gagner les cœurs à la religion romaine, et, après lui avoir dit que leur manière de convertir les gens n'était nullement apostolique, j'ajoutai que la persécution n'en était jamais venue à bout, et que, pour moi, plus on me ferait souffrir, plus on m'éloignerait de cette religion. Les paroles que j'avais prononcées dans un bon sens furent mal interprétées par celui qui les ouït et par ceux à qui elles furent rapportées. On crut que je ne demandais autre chose que de n'être point violenté en religion, et que, pourvu qu'on ne me fît point de violence, je changerais facilement. La chose ayant été crue ainsi, mes parents papistes obtinrent de Monsieur le marquis de la Trousse et de Monsieur l'Intendant que je ne serais plus si serré et que j'aurais pendant quinze jours la citadelle pour prison, y étant toujours gardé à vue.

Ceux qui prenaient le plus d'intérêt à mon prétendu changement de religion, me vinrent féliciter de cette espèce d'élargissement. Le professeur en médecine, de mes amis, qui y avait travaillé, fut du nombre de ceux qui m'en félicitèrent; mais comme je ne regardais cette ombre de liberté que comme un avant-coureur d'une captivité plus dure, je ne m'en réjouis pas beaucoup; je témoignai à tous ceux qui me visitèrent que, si je ne craignais d'irriter les puissances, je ne serais pas sorti de ma prison, et je leur fis connaître par tous les discours que je leur tins qu'ils s'étaient flattés en vain de me voir changer de religion, ce qui obligea ceux à qui on fit un fidèle rapport de ce que j'avais dit, de me faire mettre huit jours après dans une nouvelle prison.

Je n'y fus pas plus tôt que j'y eus un grand sujet d'affliction, car j'y appris que mes chers enfants et une de leurs tantes avaient été pris à Lyon, et conduits à Montpellier par des gardes, après avoir couru pendant plus de quatre mois sans avoir jamais pu trouver le moyen de sortir du royaume.

A cette affliction qui seule pouvait m'accabler, on venait joindre, tous les jours mille cruels reproches, où mon honneur se trouvait fort choqué ; on m'accusait de mauvaise foi envers ceux à qui j'avais affaire, me disant que je ne voulais pas payer mes créanciers. Je répondis qu'il m'était impossible, dans l'état où j'étais, quoique j'en eusse la volonté. Je priai ceux qui m'insultaient de cette manière de me donner un homme à qui je pusse confier mes affaires, ou de m'élargir pour quelque temps, offrant de bonnes et suffisantes cautions qui tiendraient prison pour moi, et voulant m'obliger d'entretenir et de payer à mes dépens quatre soldats qui me garderaient nuit et jour pendant le temps de mon élargissement. On ne voulut point écouter d'abord aucune de ces propositions. Ce ne fut que quatre mois après que je les eus faites qu'on consentit qu'un homme approuvé se chargeât de mes affaires. Il s'en présenta un tel qu'on le demandait, mes affaires lui furent remises, et elles furent entièrement terminées. Je donnai compte à trois communautés de trente neuf mille livres dont je me trouvais chargé.

Mes comptes ayant été rendus et ma bonne foi ayant été prouvée, je fus conduit à Aigues-Mortes, et mis seul dans une chambre de la Tour de la Reine. Cette chambre était fort sale et très incommode On m'y mena le troisième de juin, et j'y fus si incommodé durant trois jours et trois nuits par des moucherons et par d'autres insectes, que je ne pus ni manger, ni boire, ni dormir pendant ce temps-là. Je fus seul dans cette prison un mois et demi.

Les diverses incommodités que j'y avais endurées me causèrent une rude maladie. J'en fus atteint au commencement du mois d'août. Mes parents l'ayant appris, ma mère et mon fils se transportèrent à

Aigues-Mortes ; mais on ne leur accorda la permission de me voir qu'à condition qu'ils me solliciteraient à changer de religion, et qu'ils seraient accompagnés de deux capucins pour être les témoins de leur entretien et pour aider leur dessein.

Le geólier vint me dire si je me sentais assez fort pour marcher jusque hors la Tour où ma mère et mon fils étaient pour me voir. Je lui répondis que j'avais assez de force pour cela. M'étant rendu au lieu où je pouvais être vu, ma mère ne m'eût pas plus tôt aperçu qu'elle m'embrassa, et, dans ce temps-là, elle me dit tout bas qu'elle n'avait pu se défendre d'amener avec elle ces deux religieux qui l'accompagnaient, et qu'elle s'était même engagée à m'exhorter en leur présence, par toute l'autorité qu'une mère a sur son fils, à embrasser la religion romaine, mais qu'elle me protestait qu'elle avait été forcée à me promettre cela, pour avoir la liberté de me voir et qu'elle aimerait mieux mille fois recevoir la nouvelle de ma mort que celle de mon changement, ce qui ne fût pas pour moi une petite consolation.

L'un de ces capucins m'adressa la parole, quelque temps après que ma mère m'eût parlé ; il me dit que je devais avoir pitié de moi, de ma mère et de ma famille, me prédisant beaucoup de maux si je ne faisais ce que ma famille et ma mère me demandaient. Je lui dis que, dans l'état où j'étais réduit, il m'était impossible de lier une conversation avec lui, et que je n'avais qu'un mot à lui dire sur le sujet dont il venait de m'entretenir, savoir que, lorsqu'il s'agissait de la grande affaire du salut, il ne fallait avoir égard à père ni à mère, à frère ni à sœur, à femme ni à enfants ; qu'au contraire, il fallait en venir jusqu'à les haïr dans ces occasions, selon le précepte de l'Evangile de Jésus-Christ.

Ce moine se retira très mal satisfait, et fit en sorte qu'on me mit le lendemain dans un cachot où je souffris si fort que la fièvre, qui m'avait quitté, me reprit avec violence, mais, grâce à Dieu, j'eus toujours la force de supporter mes maux ; et je le bénis toujours de m'avoir trouvé digne de souffrir opprobre pour son nom. Quelques prières que je fisse, je ne pus jamais obtenir la permission d'avoir un chirurgien pour me tirer du sang. Je n'étais visité que de vingt en vingt-quatre heures par un geôlier qui m'apportait à manger et qui était suivi d'un sergent qui se tenait sur la porte de mon cachot avec sa pique et d'un soldat qui l'accompagnait avec son mousquet et la mèche allumée, comme si j'eusse commis quelque crime digne du plus honteux supplice. J'eus des accès de fièvre dans le cachot, dont je souffris les ardeurs diverses fois sans avoir de l'eau pour rafraîchir ma langue ; et apparemment je fusse mort dans ce lieu si affreux, au milieu de mes maux, si on ne m'en eût tiré quatorze jours après qu'on m'y eût mis, par un ordre de Monsieur l'Intendant.

De ce cachot, on me fit entrer dans une prison où était Monsieur du Rocher, seigneur de Paris, qui est en Vivarais, et deux autres prisonniers qui en sortirent le lendemain et par le moyen desquels j'écrivis à ma mère et à quelques autres personnes charitables, pour leur apprendre qu'il y avait plusieurs prisonniers dans la dernière nécessité à la Tour de la Reine et à celle de Constance, et je leur marquais les voies qu'on devait prendre pour les assister. On n'eut pas plus tôt reçu cette nouvelle à Montpellier, qu'une de mes tantes fut choisie pour aller se changer à Aigues-Mortes, afin que par sa présence elle pût secourir les prisonniers. Elle eut le moyen de leur faire avoir les vivres nécessaires, mais cela ne dura que deux jours, car dès qu'on s'en fût aperçu, ma tante fut chassée de la ville avec défense d'y plus entrer sous des peines très rigoureuses.

Je ne dois pas oublier ici une chose fort remarquable. Trois prisonniers, retenus comme moi dans la même tour pour le même sujet, pressés par les cruelles tentations qui leur étaient tous les jours livrées, et par la faim et la soif qu'on leur faisait souffrir, rompirent une fois deux portes pour se sauver, et s'étant fait des cordes des draps et des paillasses de leurs lits, ils descendirent de la tour. Le sieur Nissolle, de Ganges, qui était du nombre, n'ayant pas assez bien pris ses mesures, tomba et se rompit les deux jambes. Un prisonnier de La Salle, nommé Salendres, qui était le seul qui conservait la santé, l'ayant pris sur ses épaules, le porta une grosse lieue durant la nuit. Le jour commençant à paraître, le sieur Nissolle, qui vit le danger où tous étaient à cause de lui, pria celui qui le portait si charitablement et l'autre prisonnier qui venait de franchir la prison avec lui, de l'abandonner à la Providence de Dieu et de se garantir eux-mêmes. Tous deux cédant enfin à ses fortes sollicitations, ils le laissèrent dans un fossé avec beaucoup de regret d'un côté et d'autre ; mais, peu de temps après, ayant trouvé une ânesse, ils revinrent sur leurs pas et furent reprendre ce généreux confesseur, qu'ils portèrent dans un lieu de sûreté, après avoir passé au milieu d'un corps de garde, où on ne leur fit aucun obstacle. Tous furent ainsi garantis par une espèce de miracle. Si j'eusse été en santé dans ce temps-là, j'eusse cherché comme eux ma liberté ; mais Dieu, qui m'avait destiné à de plus longues épreuves, permit que je demeurasse dans la prison lorsqu'ils en sortirent (1). Dans le temps qu'on y augmentait mes maux et qu'on y aggravait mes chaînes, j'appris que Salendres, un de ces trois prison-

(1) Le *Bulletin de l'histoire du protestantisme* a publié (tome X, p. 442 et tome XI, p. 39), un *Récit manuscrit de Jean Nissolle, marchand de la ville de Ganges, réfugié en Suisse*, communiqué par M. B. de Beausobre, de Morges, manuscrit conservé dans les papiers de sa famille. Le récit qui s'y trouve de l'évasion concorde parfaitement avec celui de Serres. Nissolle y fait à deux reprises mention de Serres. Voy. Appendice II.

niers qui les avaient si miraculeusement brisées, fut repris, remis en prison, et pendu à Lédignan, où il fit une mort qui, jointe aux belles actions de piété et de charité qu'il avait auparavant faites, doit immortaliser sa vie.

Je crois que ma plume ne doit pas cacher les actes d'injustice et de cruauté qui suivirent la rupture des portes, par où sortit notre martyr, avec les deux autres prisonniers, lorsqu'ils étaient confesseurs tous ensemble dans notre prison. Leur action attira les gens de justice et les officiers de la garnison d'Aigues-Mortes ; tous se transportèrent sur le lieu pour vérifier l'évasion de nos prisonniers et ce qu'ils avaient fait pour en venir à bout, et prenant de là occasion de rendre nos liens plus rudes et notre prison plus dure. Après avoir dressé leurs verbaux, et nous avoir fait à tous de grandes menaces, ils firent mettre Monsieur de Paris dans un cachot et moi dans un autre, d'où je ne sortis qu'après douze jours de souffrance et qu'à la forte sollicitation d'un officier de mes amis qui avait embrassé depuis quelque temps la religion romaine.

De ce cachot, je fus conduit à la Tour de Constance, où je trouvai plusieurs autres prisonniers, dont la plupart étaient malades ou le devinrent, cette tour étant extrêmement froide et humide, surtout dans la saison où nous nous trouvions alors, car nous étions déjà entrés dans le mois de décembre. La rigueur du temps faisait distiller l'eau de tous côtés dans notre prison ; mais quelque incommodité que le froid et l'humidité nous causassent, on ne voulut jamais nous donner ni feu ni chandelle. Nous fûmes obligés de brûler la paille de nos lits pour sécher les chemises des malades et pour leur chauffer les bouillons, et de faire fondre quelque peu de beurre qu'on nous portait de temps en temps à manger, pour avoir quelque peu de clarté dans nos épaisses ténèbres. Voilà le triste état où nous étions réduits dans cette horrible prison, lorsque

Monsieur le marquis de Vardes eut pitié de nous. Il vint alors à Aigues-Mortes, dont il est gouverneur, et y ayant appris que nous étions presque tous malades dans notre prison et que, quelque instance que nous eussions faite, nous n'avions jamais pû obtenir avec notre argent ni feu ni lumière, touché de notre état, il nous fit envoyer du charbon et des chandelles, nous fit offrir son médecin et son chirurgien, et nous donna la permission d'acheter tout ce qui nous serait nécessaire.

Ce seigneur ne s'en arrêta pas là. Après ces actes de charité qu'il exerça envers nous, aussitôt qu'il fut arrivé à Aigues-Mortes, nos malheurs l'ayant attendri, et étant fort généreux naturellement, il voulut savoir notre misère de notre bouche et adoucir nos peines autant qu'il lui était possible. Il envoya chercher pour cet effet M. de Fouquet et moi. M. de Fouquet fut une demi-heure avec lui ; il me fit entrer ensuite dans la chambre où il était, et j'avoue que, n'étant accoutumé qu'à voir les malhonnêtetés de nos persécuteurs et qu'à sentir des duretés dans notre prison, je fus bien surpris quand Monsieur de Vardes me fit asseoir auprès de lui et me dit des choses très obligeantes, me baisant et m'embrassant, et ne me disant, pour toute sollicitation au changement de religion, sinon qu'il fallait obéir au roi, que les malheurs auxquels je m'exposais par ma résistance étaient grands, que Monsieur de la Trousse se devait rendre à Aigues-Mortes le premier jour de l'an, avec Monsieur l'Intendant, pour savoir la dernière intention des prisonniers, qu'après cela on ne leur laisserait plus la liberté de changer de religion, mais qu'on les traiterait avec la dernière rigueur. Je lui répondis que j'étais disposé à tout souffrir, que, quelques maux que l'on me fit, je n'abandonnerais jamais ma religion et que je suivrais toujours les lumières de ma conscience ; et, comme j'étais persuadé qu'en cela j'obéissais à Dieu, j'aimais mieux obéir à Dieu qu'au roi, qu'en un mot je croyais d'être dans le bon parti, et que, quoi qu'on sût faire, on ne m'en ferait jamais sortir. Ce que je lui dis en opposant fortement ma religion à la sienne, comme la meilleure et la seule où on peut faire son salut, l'obligea à me dire : Quoi ! pensez-vous que le clergé qui est composé de personnes si éclairées et si sages, soit dans l'erreur, et que vous, qui êtes des plus petits et des plus simples en esprit et en connaissance, ayez rencontré la vérité ? — Oui, lui repartis-je, Monseigneur, car je crois d'être du nombre de ceux dont Jésus-Christ dit à son Père : « Je te rends grâce de ce que tu as caché ces choses aux sages et aux entendus et les as révélées aux petits. » Alors Monsieur de Vardes commença à sourire, me donna doucement de la main sur l'épaule et m'ayant encore dit des choses très obligeantes, me congédia. Il envoya chercher ensuite tous les autres prisonniers deux à deux, et me fit mettre seul le lendemain dans une petite prison de la Tour de la Reine, car on en avait fait quatre au haut de cette tour pour nous séparer.

Monsieur l'Intendant et Monsieur le marquis de la Trousse ne manquèrent pas de se rendre à Aigues-Mortes, suivant la prédiction de Monsieur de Vardes, le premier de janvier de l'année 1687. Ils firent appeler d'abord tous les prisonniers, et, quelques menaces qu'ils leur fissent, il n'y eut que le sieur Moullière, de Montpellier, qui succomba à la tentation ; tous les autres résistèrent à tous les efforts de leurs promesses et de leurs menaces. Dieu nous fit la grâce d'être toujours fermes au milieu de cette forte tentation et dans tous les maux qui la suivirent.

Comme l'air d'Aigues-Mortes est fort mauvais et que les prisons où on nous avait enfermés nous exposaient à de grandes incommodités, jusqu'à nous priver de l'eau que demandait notre soif la plus pressante, nous y fûmes presque tous et toujours malades ; plusieurs même y moururent. Le premier que Dieu retira du monde fut le sieur Hourtet, marchand de Sumène ; son esprit s'en étant retourné à Dieu qui l'avait donné, son corps fut mis dans la poudre d'où il avait été tiré (1). Mais la persécution allant toujours en augmentant, la fureur des persécuteurs fut si grande qu'elle refusa la sépulture à trois autres prisonniers, qui moururent peu de temps après, deux desquels furent le sieur Reines, chirurgien, natif d'un lieu qui est dans le voisinage de Castres, et le sieur Bausilhon, marchand, de Saint-Jean-de-Gardonnenque (2). Après leur mort, ils furent mis tout nus sur une charette, et, ayant été promenés ainsi par la ville, furent jetés à la voirie. Cette cruauté me fait penser à ce que dit l'Eglise au psaume soixante-et-dix-neuf, lorsque, se plaignant des grandes inhumanités que les nations barbares ont exercées contre elle, elle dit à Dieu : « Elles ont

(1) Voy. sur la mort de Hourtet l'Appendice I.
(2) Saint-Jean du Gard.

donné les corps morts de tes serviteurs pour viande aux oiseaux du ciel, la chair de tes saints aux bêtes de la terre. » La nation française est devenue si barbare sur ce point qu'elle a enchéri sur les nations les plus barbares. Elle ne s'est pas contentée d'exercer une entière barbarie sur les corps morts des serviteurs et saints du Seigneur ; elle a voulu avoir des gardes de ses plus grandes cruautés, pour en faire le spectacle des passants, et pour empêcher qu'aucun d'eux n'entreprît de les cacher aux autres. Voici de quoi le prouver.

Un jeune homme aveugle, appelé Crousil, fils d'un marchand de Clermont de Lodève, fut traîné sur une claie après sa mort. De peur que quelque personne charitable n'enterrât son corps et les corps des autres saints confesseurs qui avaient été jetés à la voirie avant le sien, on commanda toutes les nuits un détachement de plusieurs soldats pour le garder, et cela dura jusqu'à ce que les cadavres eurent été entièrement dévorés par les chiens. N'est-ce pas se plaire à étaler sa cruauté? N'est-ce pas en tirer sa vanité et en vouloir bien faire sa gloire? Où est la nation la plus barbare qui puisse contester sur ceci avec la France? Celle-ci a trouvé l'art de l'emporter sur toutes les autres en cruauté.

Les autres personnes qui moururent dans nos prisons, outre ceux que je viens de nommer, sont les sieurs Maurice Rouquie et Cabrit de Saint-Jean de Gardonnenque, deux frères nommés Roussels, facturiers de laine du lieu de Soudorgues, proche La Salle, le sieur Roques, marchand de La Salle, M. Guérin, marchand de la même ville, le sieur Dombres, chantre de Saint-Paul de la Coste, proche d'Alais, Rocher, des environs de Barre, le sieur Rabinel, marchand de Saint-Vincent(1), près de Calvisson, grand exemple de patience, où nos persécuteurs peu-

(1) Probablement *Sincens*.

vent trouver une grande preuve de leur rage ; il fut blessé à l'épaule d'un coup de mousquet par un soldat qui lui tira dans sa prison de Constance, sans savoir pour quelle raison il le faisait ; celui-ci mourut enfin de sa blessure et de ses maux, avec deux autres prisonniers dont je ne sais pas les noms ; ceux-ci finirent leurs jours en même temps que le sieur Rabinel, après avoir beaucoup souffert, et en donnant toujours des marques du zèle extraordinaire qu'ils avaient pour notre religion. M. Guiraud termina aussi sa course dans la prison ; c'était un bourgeois de Nîmes, un homme fort avancé en âge, qui avait demeuré longtemps tout seul dans une des prisons de la Tour de la Reine, où il fut si malade qu'il n'avait pas la force de se lever de son lit pour prendre un bouillon tout froid, qu'on laissait dans sa chambre quand on le visitait. Il n'était vu de ceux qui le gardaient qu'une fois dans vingt-quatre heures ; la faiblesse de son corps était si grande par l'âge qu'il avait et par les maux qu'il souffrait, qu'on l'a trouvé diverses fois couché sur le pavé au milieu de sa prison, n'ayant pas la force de se traîner sur son lit. Il fut tiré de son cachot lorsqu'il était mourant et fut mis dans une loge de soldat, où il mourut deux ou trois jours après qu'il y eût été porté.

J'avais été déjà enfermé deux fois dans une de ces quatre prisons de la Tour de la Reine, où M. de Vardes me fit mettre; et, parce que la solitude rend la captivité plus insupportable, on voulut que je fusse seul en prison l'espace de six mois. On m'a fait souvent changer de place, tandis que j'ai été prisonnier, car dans Aigues-Mortes ou dans Montpellier j'ai changé douze fois de prison. Dans tous ces changements, la volonté de mes persécuteurs ne changea point; elle fut toujours opiniâtre à me persécuter et toujours sévère en me persécutant. Je ne fus pas le seul qui éprouvai sa sévérité; elle l'exerça sur tous ceux qu'un même sujet avait fait prisonniers avec moi, et qui soutenaient dans la prison la cause que je soutenais. Plusieurs y eurent un sort semblable au mien. M. de Fouquet y reçut mon traitement, il fut seul quatre mois dans une des quatre prisons de la tour, et il y fut travaillé d'une longue maladie, qui, pendant longtemps, lui ôta la force de se tenir debout et de prendre un bouillon qu'on lui portait de temps en temps ; il était obligé, dans sa grande faiblesse, de marcher des mains et des pieds pour l'aller chercher à l'endroit de sa prison où on le mettait. Il fut si malade et si languissant qu'on fut contraint de le tirer de sa prison et de le mettre dans une loge de soldat, d'où il fut tiré peu de temps après et mis dans la Tour de Constance.

Monsieur Ducros, avocat de la ville de Nîmes (1), a demeuré seul dans une des

(1) Jurieu nous rapporte (*Lettres pastorales*, t. Ier, lettre XX) que les filles de ce M. Ducros furent parmi les victimes des cruautés du trop fameux La Rapine, à Valence.

prisons de la Tour de la Reine neuf mois et quelques jours; Monsieur de Paris a été aussi seul dans une autre prison de cette tour deux mois de suite et toujours malade; maître Ricard, de Pignan, qui était fort vieux et fort incommodé d'une partie de son corps, ayant une jambe de bois, a été aussi laissé seul dans la prison pendant neuf mois, sans avoir jamais ni feu ni chandelle, quoique une rude maladie de trois mois demandât souvent l'une et l'autre. Ces quatre prisons de la Tour de la Reine n'ayant été faites que pour éprouver notre patience et pour la mettre à bout, j'avais coutume de l'appeler la tour de la Patience; ce nom lui convient aussi bien que le nom de Constance convient à l'autre tour, car ce fut ici que notre patience fut bien mise à l'épreuve. Les quatre prisons de la Tour de la Reine n'avaient été faites que dans la vue d'y faire succomber tous les prisonniers les uns après les autres, en les tenant là tous séparés; mais, grâces à Dieu, nos persécuteurs furent trompés dans leur attente, car aucun prisonnier n'a changé dans notre séparation.

Avant que les maladies dont nous fûmes atteints nous eussent affaiblis, nous chantions des psaumes à haute voix, et nous nous entre-répondions ainsi les uns les autres. Dans la Tour de Constance, on faisait de même. Nos cris n'étaient pas seulement entendus dans nos prisons ; ils portaient aussi leur éclat dans plusieurs endroits de la ville. Monsieur le lieutenant du Roi ayant été averti de notre chant, nous fit défense de chanter et nous menaça de la potence si nous violions son ordre. Cela n'arrêta point notre concert ; nous continuâmes à faire retentir nos prisons des louanges de Dieu ; mais, comme ce chant ne plaisait point à nos persécuteurs, leur fureur devint par là si grande que les officiers de la garnison vinrent dans la Tour de la Reine et dans celle de Constance, où ils chargèrent de coups de bâton et traînèrent par les cheveux plusieurs prisonniers disant qu'ils les traitaient ainsi parce qu'ils avaient chanté des psaumes.

Au commencement du mois de février, les puissances eurent ordre de la cour de faire conduire à Marseille une partie des prisonniers d'Aigues-Mortes. Le bruit en fut d'abord répandu; nos prisons en furent remplies, et j'en reçus la nouvelle par le capucin qui m'avait auparavant visité avec ma mère, et qui avait pris le soin de me faire mettre dans le cachot. Ce capucin, accompagné de ma mère et d'une de mes tantes, vint me dire que j'étais condamné à aller finir mes jours dans l'Amérique, où j'aurais beaucoup plus à souffrir que je n'avais fait par le passé; mais que si je voulais obéir au roi, mes amis s'emploieraient pour moi, et qu'il ne désespérait pas de ma grâce. Je lui répondis que ce n'était rien faire de bien commencer si on ne persévérait, que ma résolution était prise, étant résolu d'être fidèle à mon Dieu jusqu'à la mort. Le capucin étant frappé de cette parole, se tourna vers ma mère et lui dit: C'est vous, c'est vous qui coûtez la partie! voulant dire que ses efforts avaient été inutiles parce qu'elle n'avait pas fait les siens pour me faire changer.

Après quoi m'ayant laissé, j'employai le temps à préparer mon cœur pour le voyage auquel j'étais condamné, comme étant le plus grand que j'eusse jamais fait, et le dernier peut-être que j'avais à faire. Je ne puis plus vous parler de ma prison, puisqu'il faut que j'en sorte. Si vous pouvez me donner de vos nouvelles avant mon départ, je serai bien aise d'en recevoir, pourvu qu'elles soient conformes au devoir de la conscience qui m'a lié pour toujours à la sainteté de la religion qu'il m'a fait connaître. Je souhaite avec ardeur que cette chaîne serre de plus en plus nos cœurs et qu'elle les attache inviolablement à Dieu et à la pureté de son culte.

Fin de la première Relation.

DEUXIÈME RELATION

DU SIEUR SERRES, CONTENANT SON VOYAGE DANS L'AMÉRIQUE, AVEC LES CIRCONSTANCES AU VRAI DE CE QUI S'EST PASSÉ DANS LE NAUFRAGE DU VAISSEAU QUI L'Y DEVAIT PORTER.

A un de ses amis.

Les grands périls que je viens d'essuyer, et les dures extrémités où je me suis vu, et celles où je me vois réduit encore, n'ont pas effacé de mon esprit, mon cher Monsieur, votre idée ni celle de la promesse que je vous fis avant mon départ de la France. Il me souvient qu'avant que j'en partisse pour venir dans l'Amérique, où nos persécuteurs me condamnèrent à porter, avec plusieurs de mes frères, de nouvelles chaînes pour notre religion et à souffrir pour elle toutes les cruautés des barbares, vous me fîtes connaître l'heureux effet qu'avait produit chez vous, et ailleurs, la relation que je vous écrivis d'Aigues-Mortes, touchant mon emprisonnement et touchant la rigueur et la durée de ma prison, et la forte passion que vous aviez d'apprendre de ma plume les circonstances du grand et périlleux voyage que j'allais faire, si Dieu me conservait la vie, et s'il me fournissait le moyen de pouvoir satisfaire à votre désir. J'entrai si fort dans cet engagement que je ne saurais lui refuser le peu de liberté que mon esclavage me laisse pour m'en acquitter. Je vous écris par la commodité d'un vaisseau, ce que vous êtes sans doute dans l'impatience d'apprendre et ce qu'il me tarde de vous faire savoir.

Pour rendre exacte la relation que vous m'avez demandée et que je vous ai promise, il faut que je reprenne un peu celle que je vous envoyai dans ma prison. Je la finissais, ce me semble, par la nouvelle qu'on me donna que j'étais condamné à périr dans les flots ou dans l'Amérique, avec tous les autres prisonniers qui étaient dans les prisons d'Aigues-Mortes pour le même sujet pour lequel j'y étais. Cette nouvelle causa du trouble dans nos prisons; quoique je parusse en être moins troublé que d'autres, j'avoue que je n'en fus pas moins affligé qu'eux; je sentis dans mon cœur tout ce que je prenais soin de cacher sur mon visage. Je sentais autant de douleur de cette nouvelle que si on m'avait assuré que je devais finir bientôt ma vie sur quelque poteau. J'avais fait divers voyages sur mer, j'envisageais tous les dangers que j'avais à courir et tous les maux que j'avais à souffrir dans mon long voyage, étant condamné à le faire pour le sujet de ma religion. L'esprit eut alors de grands combats avec la chair, mais, par la grâce de Dieu, l'esprit eut la victoire sur elle. Je me résolus à entrer dans tous les périls et dans toutes les peines par où il plairait à Dieu de me faire passer pour la défense de sa vérité.

Je ne fus pas seul dans cette résolution. De vingt prisonniers que nous étions encore dans les prisons d'Aigues-Mortes, nous fûmes dix-sept qu'on en fit sortir pour aller à Marseille, le lendemain que la nouvelle nous en fut donnée. Les trois qui restèrent dans ces prisons furent MM. de Fouquet, de Paris et Ducros; ceux-ci furent retenus dans le dessein de faire sur eux de nouveaux efforts pour les fléchir. Lorsque nous sortîmes de ces prisons, on nous dépouilla de nos hardes qu'on laissa au geôlier pour le droit de geôle, et nous n'en fûmes pas plus tôt sortis qu'on nous lia deux à deux avec des cordes, comme aussi soixante-dix-neuf prisonniers, tant hommes que femmes, qu'on avait amenés depuis peu de jours de Montpellier et de Nîmes; on nous mit ensemble dans une barque, les uns attachés aux autres et tous en un monceau, ce qui nous y fit souffrir diverses incommodités. Nous arrivâmes le lendemain au soir à Marseille, où, dès le moment de notre arrivée, on nous mit dans un vaisseau appelé la *Flûte royale*, qui était dans le port; là nous fûmes au large et moins rudement traités que nous ne l'avions été dans nos prisons et dans la barque qui venait de nous porter à Marseille; on nous donna à tous, dans ce vaisseau, l'ordinaire qu'on a accoutumé de donner aux équipages des navires. Ce fut là où je commençai, avec beaucoup d'autres, à manger le pain du roi; nous eûmes tous la permission d'acheter tout ce qui nous était nécessaire; toute notre servitude consistait alors à être gardés à vue nuit et jour par les compagnies qui sont dans les galères.

Environ trois semaines après, on mena quatre-vingt-un prisonniers de tous les deux genres (1) et de diverses conditions; tous venaient d'Aigues-Mortes, et tous des

(1) Des deux sexes.

furent mis dans notre navire; MM. de Fouquet, de Paris, et Ducros étaient du nombre. Notre troupe fut alors composée de trois sortes de personnes, et dans tous ces ordres il y avait des hommes et des femmes. Les premiers étaient ceux qui n'avaient jamais changé de religion ; les seconds, ceux qui, n'ayant changé que dans le trouble où la cruelle violence des dragons les avait mis, reconnurent d'abord leur faute et tâchèrent de la réparer dans de longues et dures prisons; les derniers étaient ceux à qui le voyage de l'Amérique fit tant de peur, qu'ils promirent à nos ennemis de faire tout ce qu'ils voudraient.

Leur défaut de courage enflamma celui de nos ennemis ; la lâcheté qu'ils trouvèrent en eux fut la cause que nous fûmes visités tous les jours par toutes sortes de religieux, et surtout par les jésuites, qui venaient prêcher ordinairement dans notre vaisseau, et qui ne manquaient jamais de solliciter les officiers de galères à nous obliger d'écouter leurs sermons. Un de nos officiers nous y ayant un jour voulu contraindre, M. Guiraud, prisonnier avec nous, dit pour tous à cet officier qu'il ne pouvait pas nous forcer à cela. Ce qu'il dit là-dessus, d'un ton mâle et ferme, irrita si fort cet officier qu'il le menaça de lui donner cent coups de canne.

Les jésuites, quelques autres moines et divers prêtres, venaient tous les jours nous attaquer par des disputes, et, comme leur but, dans toutes les disputes, n'est que d'enlacer ceux qui y entrent et de faire plus souffrir de maux à ceux qui y résistent, aussitôt que quelqu'un de nous leur faisait tête, ce qui arrivait toujours, ils demandaient d'abord son nom pour le faire quereller et maltraiter par quelque officier. M. Ducros, de Nîmes, qui était de ceux qui soutenaient très bien la dispute contre les jésuites, fut cruellement traité par un officier, qui, après l'avoir chargé d'injures et d'infamies, le menaça de le faire pendre.

Il y eut des femmes qui eurent le même sort, pour avoir fait paraître le même feu en religion. Celle qui disputait le plus souvent avec les jésuites était une veuve d'un ministre de la ville de Nîmes, nommée mademoiselle de Ferraguet; elle était si bien instruite en notre religion, et Dieu lui faisait la grâce de la défendre si bien, qu'elle confondait ordinairement ceux qui la combattaient en sa présence, ce que les jésuites ayant de la peine à souffrir, furent voir M. l'Intendant, et lui firent entendre qu'il importait beaucoup que cette femme fût seule. Ils furent favorablement écoutés, M. l'Intendant déféra à leurs avis; il donna ordre aussitôt de séparer cette demoiselle de tous les autres prisonniers, ce qui fut exécuté. Elle fut mise seule dans une petite chambre sur le château de la poupe, et gardée toujours par une sentinelle qui empêchait que personne ne lui parlât.

Les maladies vinrent nous troubler dans notre bâtiment, aussi bien que les difficultés. Plusieurs de nos prisonniers furent malades. Toute la grâce qu'on leur fit dans cet état fut de les porter à l'hôpital de Marseille, où moururent quelques-uns de ceux qui avaient souffert longtemps dans les prisons d'Aigues-Mortes, comme le sieur Martin, de Chamborigaud et M. de Paris, qui avait passé par de longues et de rudes épreuves, qu'il a toujours soutenues avec grande constance. J'ai été prisonnier quelque temps avec lui, et je dois à sa mémoire qu'il m'a toujours merveilleusement édifié par sa piété et par sa fermeté. Il souffrait tous ses maux avec une grande patience, il supportait sa prison sans aucune peine, quoiqu'il y fût toujours malade ; il y était aussi tranquille que s'il eût été dans sa propre maison ; il y goûtait des plaisirs plus solides qu'on n'en goûte dans les palais et dans les Louvres. Le choix qu'il avait fait lui faisait trouver toujours son sort heureux ; ayant choisi Dieu pour son partage et préférant son ciel à tout, il était toujours content dans quelque état qu'il fût, et ne s'étonnait jamais de l'état où on lui disait qu'il pouvait être. La tranquillité de l'âme l'accompagna jusqu'à son dernier soupir dans l'hôpital où les deux personnes dont je viens de parler finirent leur course.

Moururent aussi d'autres prisonniers d'Aigues-Mortes, M. Scipion Verdier, de Chamborigaud, M. Quilhot, proposant, d'Alençon, en Normandie, Jalibert, de Massillargues (1), le nommé Dauphiné, mercier, du Dauphiné, et maître Ricard, de Pignan, qui fut persécuté par quelques prêtres jusqu'à son dernier soupir, et qui demeura jusqu'alors vainqueur de la tentation. Un prisonnier qui le vit mourir m'a assuré qu'il confondit ses persécuteurs jusqu'au dernier moment de sa vie et qu'il remit son âme entre les mains de Dieu avec beaucoup de constance, et après qu'elle eut remporté de

(1) Marsillargues (Hérault) ou Massillargues (Gard).

grandes victoires. Là où ce digne confesseur finit sa vie, beaucoup d'autres prisonniers, tant hommes que femmes, finirent la leur. On les enterra tous au cimetière, où on a accoutumé d'enterrer les Turcs à Marseille. Voilà jusqu'où la persécution a poussé sa pointe. Qu'elle a de force pour changer les cœurs dans les états les mieux policés et dans les sociétés les plus humaines ! Elle fait des concitoyens, des barbares, et elle oblige ceux-ci à traiter des chrétiens leurs compatriotes en Turcs, non seulement pendant leur vie, mais même après leur mort.

Lorsque la persécution faisait de telles catastrophes dans l'hôpital de Marseille, Dieu nous fit voir des changements bien différents dans notre bâtiment. Un jour, un abbé vint nous y rendre visite. D'abord sa vue nous affligea, mais bientôt après sa voix nous consola, son cœur et son langage furent aussi propres à nous fortifier que son habit et son visage l'avaient été à nous troubler. Il demanda à plusieurs d'entre nous s'ils étaient résolus de faire le voyage de l'Amérique. Tous lui ayant répondu que c'était leur résolution et qu'il leur tardait de partir, il les exhorta à avoir bon courage, à persévérer dans leur bon dessein, et d'être assurés que Dieu les assisterait partout. Il ajouta l'instruction à l'exhortation; il leur dit que rien n'arrivait à l'aventure, que Dieu avait prévu de toute éternité qu'ils devaient faire ce voyage, et que Dieu avait résolu de tout temps de les fortifier et de les secourir pour le faire; après quoi il se retira sans qu'aucun de nous le pût connaître. Quelle joie pour nous de trouver un cœur réformé sous un habit qui ne l'était point, et d'ouïr une voix si chrétienne à travers un visage papiste !

Pour distinguer dans notre vaisseau les cœurs faibles et lâches de ceux que Dieu y rendait forts et généreux, on fit confesser et communier tous ceux qui ne voulaient pas faire le voyage. Ceux-ci furent bien trompés dans la pensée qu'ils avaient d'acheter leur liberté et leur repos au prix de leur religion et de leur conscience. Comme celui qui les avait gagnés est menteur dès le commencement, les jésuites, qui étaient les funestes instruments dont il s'était servi pour leur imposer, après leur avoir promis qu'ils seraient exempts du fâcheux voyage que nous allions faire, et de tous les dangers où nous allions être plongés en le faisant, vinrent leur dire, deux jours avant qu'on nous embarquât pour l'Amérique, qu'ils avaient fait tout ce qu'ils avaient pu pour empêcher qu'ils ne fissent ce voyage, mais qu'ils n'avaient jamais pu l'obtenir des puissances, qu'ils devaient se résoudre à le faire, et se disposer à être bons catholiques dans l'Amérique, comme ils l'avaient été en France, les assurant que le roi prendrait là soin d'eux et qu'il ne manquerait pas de les rappeler de là dans quelque temps. Jamais gens n'ont été plus surpris et plus troublés que ceux-ci le furent à l'ouïe de cette nouvelle ; ils sentirent si fort les remords de leur conscience et le jugement de Dieu, que dès ce moment ils s'abandonnèrent à la douleur et au trouble, et que presque tous sont morts de chagrin ou de misère, dans le voyage, dans le naufrage ou dans l'Amérique.

Le huitième du mois de mars, qui était le jour marqué pour notre grand voyage, on nous fit sortir du navire nommé *la Flûte Royale*. Nous étions alors cent prisonniers, savoir soixante-dix hommes et trente femmes. On nous fit tous sortir du navire avec tant d'empressement et de violence qu'on ne nous donnait pas le temps de prendre le peu de hardes que nous avions, et qu'on chargeait de coups de bâton ceux qui tardaient un moment pour les prendre ; le sieur Mazauric, de la ville d'Alais, quoique avancé en âge, reçut pour cela divers coups de canne de l'aide-major, qui nous faisait embarquer.

Cette sévérité fut suivie d'une autre cruauté ; on nous sépara les uns d'avec les autres ; on mit les soixante-dix hommes dans une chambre, et les trente femmes dans une autre, dans un navire nommé *Notre-Dame-de-Bonne-Espérance,* commandé par un capitaine de Marseille, appelé Pensonnel (1). On avait embarqué dans ce même navire cent forçats des galères, qui firent le voyage avec nous. Ces forçats sont des gens qu'on envoie dans l'Amérique, ou parce qu'ils étaient incommodés et trop vieux, ou parce qu'il y en avait un trop grand nombre dans les galères. Le nombre des malheureux grossissait si fort par les gens de la Religion que le roi y faisait mettre tous les jours, qu'il fallait qu'on tirât de là les Barrabas, les grands scélérats, pour mettre en leur place les bons chrétiens et les innocentes victimes. En nous

---

(1) Peysonnel, d'après la relation du naufrage par Issanchon. (Voir l'Appendice V.)

faisant entrer dans le navire où nous devions flotter, nous fûmes tous fouillés et on ôta les couteaux, les rasoirs et les ciseaux à ceux qui en avaient. Des prisonniers qui avaient été dans les prisons d'Aigues-Mortes, il n'en resta que deux dans le vaisseau appelé la *Flûte Royale*; l'un est M. Ducros, pour lequel tous les prisonniers avaient beaucoup d'estime, et qui, ayant beaucoup souffert, mourut peu de jours après notre départ; l'autre est M. Laoudes, marchand du Vivarais, qui fut porté quelque temps après dans l'Amérique.

Nous étions si serrés dans la chambre du vaisseau où on nous avait mis, que nous fûmes contraints à nous mettre les uns sur les autres. Là, étant fermés à clef et n'ayant qu'un peu d'ouverture pour prendre l'air, nous fûmes sur le point d'étouffer de chaleur; nous passâmes quatre jours au port dans cet état. Le 12 mars, on se mit à la voile, mais ni en ce jour, ni en quelques autres qui suivirent, on ne nous permit d'étendre nos chaînes que quelques moments le jour, l'un après l'autre, et lors seulement que des nécessités absolues le requéraient. Il y avait plusieurs malades qui ne pouvaient pas porter leur pied où on nous faisait alors porter le nôtre, ce qui causa dans notre chambre de grandes incommodités, dont la bienséance ne me permet point de parler, mais dont je puis dire que peu s'en fallut qu'elles ne fissent périr les malades et ceux qui étaient en santé. Nous eûmes deux grandes tourmentes au commencement de notre voyage, pendant lesquelles nous souffrîmes tous beaucoup, mais particulièrement les malades, qui, ne pouvant pas changer de place, étaient tout couverts d'eau.

Les femmes n'avaient aucune communication avec les hommes ; ce que Dieu a conjoint était alors si fort séparé, que, quoique le mari fût à l'extrémité, sa femme ne pouvait pas lui rendre aucun service. Si quelquefois, à force de sollicitations et de prières, elles obtenaient la permission de voir leurs maris, le capitaine les faisait accompagner par un caporal, qui entendait tout ce qu'elles disaient et qui ne les laissait que fort peu de temps près de leurs maris ; c'est ce qui fut très rude à plusieurs ; souvent, leur œil en pleura et leur bouche en sanglotta. Le nombre des malades augmentait si fort que ceux qui souffraient le moins dans le navire appréhendaient le plus que la contagion s'y mît. On nous avait déjà permis d'aller deux à deux aux commodités et de nous promener pour prendre un peu l'air lorsqu'il faisait beau temps.

Le vent nous fut si contraire pendant longtemps qu'on fut obligé de mouiller à un port nommé la Rouquette, de la côte d'Espagne, où quatre vaisseaux hollandais avaient jeté l'ancre, dans l'un desquels étaient deux officiers français ; l'un était M. Petit, de la ville de Nîmes, et l'autre, M. Bousiges, de Saint-Ambroix, en Cévennes. Ces deux Messieurs ayant su que notre navire portait des gens de la Religion, souhaitèrent d'abord de venir pour nous voir. Ayant demandé pour cet effet le consentement de ceux qui commandaient dans notre vaisseau, on leur accorda la liberté de venir. Mais le capitaine, craignant de leur trop accorder, ne leur permit que de parler seulement aux femmes. Ils entrèrent dans leur chambre, tout pénétrés de douleur de les voir dans le triste état où elles étaient. En les considérant et en témoignant à toutes la part qu'ils prenaient à leur sort, M. Bousiges reconnut deux demoiselles qui étaient ses parentes, nommées Peivignes(1); son cœur s'attendrit en particulier pour elles, et après que ses yeux et sa bouche leur en eurent donné des marques, sa main parla à son tour, et il leur fit présent de divers rafraîchissements.

Peu de jours après, nous fûmes encore

(1) Ou plutôt Peyriques. Voy. app. IV où cet incident est raconté avec des détails émouvants.

mouiller à Gibraltar, où nous séjournâmes plusieurs jours pour subvenir à quelques pressants besoins, et pour avoir quelques rafraîchissements ; et comme toujours les choses ne répondent pas à nos soins et à notre attente, dans le temps qu'on travaillait à subvenir à nos besoins, je vis augmenter mes nécessités. Lorsqu'on cherchait quelque rafraîchissement, je tombai dans une grande sécheresse ; pendant le séjour qu'on fit à Gibraltar, je perdis entièrement ma santé ; je fus atteint d'une maladie qui fit craindre pour ma vie, dans son commencement et dans sa suite. Elle éteignit d'abord mes forces, et me réduisit dans un tel état que je fus longtemps sans connaissance et sans sentiment. Nous eûmes passé les îles de Madère, qui sont à 300 lieues du lieu où nous avions mouillé l'ancre, avant que je me pusse reconnaître ; mon mal était si violent et avait si fort déconcerté ma constitution, que je fus douze jours sans avoir presque aucun sentiment de vie. J'eus beaucoup de compagnons de mon malheur, non seulement parmi ceux qui portaient mes chaînes, mais aussi parmi ceux qui nous les faisaient porter; ceux qui commandaient dans le vaisseau n'en furent pas exempts. Les maladies entrèrent dans la chambre du capitaine et dans celle des matelots et celle des soldats ; elles n'épargnèrent que peu de personnes et firent tant de ravages, qu'on craignit que la plaie ne se mît dans notre vaisseau. Dieu, qui se plaît à faire servir les maux au bien de ses enfants, tira de cette crainte quelque liberté pour les captifs ; on ouvrit les portes de nos chambres, on relâcha nos liens et on nous permit de nous promener dans le navire pendant le jour. Nous jouîmes de cette liberté depuis Gibraltar jusques à l'Amérique.

Les maladies furent si contagieuses et si communes, que, de cent prisonniers que nous étions, je n'en ai connu qu'un seul qui en ait été garanti. Nous fûmes toujours fort incommodés de la chaleur, surtout pendant la nuit ; nous étions si serrés et si pressés dans notre chambre, la chaleur y était si forte et la corruption si grande, que tout cela ensemble y avait produit une grande quantité de poux et de vers, qui nous rongeaient et dévoraient la nuit et le jour. Nos misères et nos calamités furent si grandes que les passagers, les matelots et les soldats nous dirent souvent, étant tous touchés et surpris de nous les voir endurer, qu'ils ne se feraient pas seulement papistes, mais turcs et diables même, pour ne point souffrir ce que nous souffrions.

Les maladies et les incommodités diminuèrent le nombre de nos prisonniers. Il en mourut dix-neuf, savoir quatorze hommes et cinq femmes, dont les deux premières étaient les demoiselles de Bosc et Cavalière, sa sœur (1), de Montpellier.

(1) Mme de Bosc et Mlle de Cavaillé, appelée ici Cavalière, selon l'usage du midi, qui donne une terminaison féminine aux noms de femmes.

Celles-ci moururent au commencement des calamités de notre voyage ; Cavalière mourut la première, et sa sœur deux jours après. Pour rendre ce qui est dû à leur mémoire, je puis assurer que leur mérite était grand, que leur piété fut toujours un exemple, et qu'on les eût toujours en une particulière estime dans le vaisseau. Elles moururent avec une constance très édifiante : c'est ce que j'ai appris des personnes qui les ont vues mourir, car j'avoue que je n'ai jamais eu la liberté de les voir depuis notre entrée dans le vaisseau, où elles sont mortes. Les trois autres femmes qui y moururent dans la suite sont : Mademoiselle de Ferraguet (1), de Nîmes ; Marthe Roque, de La Salle ; et Françoise Cabrit, des Cévennes.

Parmi les hommes, de la mort desquels je viens de parler, il y en avait six de nos prisonniers, qui avaient été longtemps

---

(1) Veuve d'un ministre de Nîmes. (Voy. append. V.)

dans les prisons d'Aigues-Mortes, et c'étaient les sieurs Mathieu (1), de Fouquet (2), Martin (3), Annibal (4), Ricard (5), et Finel (6). Le premier de ceux-ci qui mourut fut M. Mathieu, avocat de Duras, proche de Bordeaux; c'était un illustre confesseur, qui signala son zèle d'une manière héroïque. Dans sa prison et dans notre vaisseau, il souffrit des maux si grands et si longs, que je ne saurais jamais les représenter, et on aurait bien de la peine à les exprimer. Mais tous ces maux ne furent jamais ca-

(1) Intendant et juge de Duras. (V. app. V.)

(2) M. de Fouquet de Boisobars, gentilhomme du Vigan, de la même famille que le fameux surintendant des finances. Voy. sur lui, outre les détails donnés plus haut (pages 10, 24, 33, 42, 43), et plus loin (p. 63), l'admirable lettre de sa sœur. (Appendice III.)

(3) François Martin, tanneur de Nîmes. (V. app. V.)

(4) Annibal Roubaud, écrivain. (V. app. V.)

(5) François Ricard, de La Salle, d'après la relation (App. V.); de Saint-Bauzile d'Hérault, d'après Serre. (Page 64.)

(6) Jacques Finiel, facturier de laine de Sumène.

pables de lui faire rien perdre de ce feu dont il brûlait pour Dieu et pour sa vérité. Tous ces maux ne servirent qu'à exciter de plus en plus ce feu, et qu'à lui faire jeter plus de flammes ; il les souffrit tous jusqu'à sa mort, avec une patience digne d'un grand confesseur de Jésus-Christ, et avec une constance qui mérite l'imitation et l'admiration des plus grands chrétiens : sa vie et sa mort nous ont été de très bonne odeur et d'un grand exemple.

M. de Fouquet, avec qui j'ai été longtemps prisonnier, homme plein de piété, d'honnêteté, de charité, de la bouche et de l'exemple duquel j'avais souvent appris comment et jusqu'où il faut aimer Dieu et soutenir sa cause, mourut dans la chambre du capitaine, sans qu'on lui ait voulu jamais donner la consolation de voir aucun de ses confrères, depuis le jour de notre départ de Marseille, ni même à l'heure de sa mort. Dieu, qui tire souvent de la bouche des persécuteurs le témoignage à la vérité, et la louange qui est due à ses fidèles confesseurs, mit dans le cœur du capitaine, qui l'avait vu mourir, de m'appeler après sa mort pour me dire : « Votre bon ami, Monsieur de Fouquet, est mort bon huguenot ; il a défendu votre religion jusqu'à son dernier soupir, et m'a donné tout ce qu'il avait. » Le sieur Martin était de Nîmes ; j'avais pour lui beaucoup d'estime ; il gagna le cœur et l'approbation de tous ceux qui le connurent, et mourut avec une merveilleuse constance, comme aussi le sieur Annibal, qui était chantre de Saint-Gilles, maître Richard, blancher (1), de Saint-Bauzile d'Hérault, et Finel, facturier de laine de Sumène.

Les autres prisonniers qui moururent de maladie dans notre vaisseau furent : Maître Pierre Lause, chaussetier, de Nîmes ; Gruillet, le père, et Jacques Bonnet, des Cévennes ; Jacques Hue, maréchal,

---

(1) Blanchisseur ou corroyeur.

de Florac ; Henri Durand, corroyeur, de Saint-Jean de Gardonnenque ; le sieur Gabriel ; André Viguier, de la Tour, et Jean Jonquet, de Nîmes. Plusieurs forçats, un matelot et quelques soldats moururent aussi de maladie.

La mort avait déchargé le vaisseau de tous ceux que je viens de marquer, lorsqu'on s'aperçut que nous allions bientôt finir notre voyage.

Le dimanche de la Pentecôte, le pilote, ayant fait son calcul, dit au capitaine qu'il croyait que nous n'étions qu'à quarante lieues de la terre de la Martinique, et que, de peur de heurter à quelque écueil et de faire quelque naufrage, il n'était point d'avis de faire chemin la nuit suivante. Le capitaine s'opposa au sentiment du pilote ; il lui soutint qu'il se trompait dans son calcul, qu'ils en étaient à plus de cent lieues de terre, et qu'ils pouvaient continuer à faire chemin le jour et la nuit sans rien craindre, en faisant faire bon quart.

Voici le lieu de parler du funeste accident qui arriva à notre vaisseau. Je décrirai un peu au long les circonstances de son naufrage, pour faire voir au vrai les choses de la façon qu'elles s'y sont passées. Le lundi après la Pentecôte, deux ou trois heures avant le jour, le pilote fut à la proue, pour voir si les gens qui faisaient le quart s'acquittaient de leur devoir. Il fut bien surpris, lorsque, pensant qu'ils étaient occupés à leur tâche, et qu'ils surveillaient à la conservation du vaisseau, il les trouva tous endormis. Sa surprise s'augmenta, et fut suivie d'un grand étonnement, lorsqu'ayant voulu regarder de près les choses, il découvrit la terre. Il cria aussitôt qu'on abaissât les voiles ; et il n'eut pas plus tôt achevé de crier, que le navire heurta fortement contre un rocher. Ce coup ébranla tout le navire et le remplit de tant de cris de crainte et de gémissements, que les matelots ne purent jamais s'entendre pour abaisser les voiles, selon l'ordre qui leur en était donné ; de sorte que, le navire heurtant de plus en plus contre le rocher, le gouvernail se rompit, et il n'y eut qu'alarme et que trouble dans tout le navire. Les femmes étaient fermées à clef dans leur chambre, et, dans le désordre où tout le monde était, on ne se souvint de leur ouvrir que lorsqu'il ne fut presque plus temps. Quelqu'un ayant enfin pensé à elles, et s'étant avisé de leur ouvrir la porte de leur chambre, ne pouvant trouver la clef, la rompit à coups de hache. Quelques-unes en sortirent du milieu des eaux, où elles nageaient déjà, et on trouva toutes les autres noyées dans les eaux, qui entraient de tous côtés dans le vaisseau, et dont leur chambre était toute pleine.

Plusieurs forçats furent empêchés par leurs chaînes de courir au moyen de leur conservation. Ils étaient enchaînés les uns avec les autres et sept à sept, de sorte que, ne pouvant jamais rompre les chaînes dont ils étaient liés, ils jetèrent des cris épouvantables, pour émouvoir les entrailles, et pour faire venir quelqu'un à leur secours. Ces cris ayant attiré près d'eux leur comite (1), il eut pitié d'eux et fit tous ses efforts pour rompre leurs chaînes. Mais le temps étant court, et tous voulant être déliés à la fois, après avoir ôté les fers à quelques-uns, il fut contraint d'abandonner les autres, craignant d'un côté que quelque coup de désespoir les portât à lui ôter la vie, lorsqu'il ne pouvait pas garantir la leur ; et appréhendant de l'autre que le temps lui manquât pour se conserver lui-même, en donnant le temps à la conservation d'autrui.

Les matelots tout troublés, n'ayant jamais pu s'entendre pour abaisser les voiles, furent contraints de couper les deux grands mâts du navire, et de mettre, peu de temps après, deux chaloupes en mer, où ils se jetèrent eux-mêmes, et où quelques-

---

(1) Officier de surveillance dans une galère.

uns de ceux qui ne furent pas empêchés par leurs maladies, les suivirent. Quelques-uns de nos prisonniers furent de cette troupe. Le capitaine, voyant que tous craignaient de périr, et que chacun cherchait une planche dans le naufrage, voulant arrêter notre crainte, nous cria plusieurs fois d'avoir bon courage, nous disant qu'il ne s'en perdrait pas un de ceux qui restaient avec lui. Mais quelque cœur qu'il fît lui-même paraître, quelque temps après il entra dans sa chambre, dépouilla ses habits, et se jeta dans la mer, pour se mettre dans les chaloupes, qui l'attendaient tout proche du navire.

La mer étant alors fort enflée et fort irritée, notre navire en étant rudement secoué et fort ébranlé, il fut mis en mille pièces par les vagues qui le poussaient et par les rochers où il heurtait. Il ne nous resta dans ce débris qu'une partie de la poupe, où nous nous retirâmes tous pour y chercher quelque asile et quelque ressource à notre misérable vie qui était en si grand danger, et dont nous envisagions à tout moment le profond et affreux tombeau. Dans le temps que nous avions les yeux en haut, ne voyant pas de ressource en bas ; lorsque nous étions tous occupés à implorer le secours de la Providence de Dieu, à remettre notre vie et notre âme entre ses mains, commençant à chanter le psaume cinquante-un, — ce qui nous avait resté du navire pour nous servir de quelque refuge et de quelque appui, s'enfonça tout à coup dans la mer, où nous nous trouvâmes au milieu des vagues, et où je n'avais aucune force pour combattre avec elles. La maladie que je souffrais depuis longtemps, et les remèdes qu'il m'avait fallu faire pour en être soulagé, m'avaient réduit dans une telle faiblesse que j'étais incapable de faire aucun effort pour sortir du danger où j'étais enfoncé. Deux jours avant notre naufrage, le sieur Isanchon, chirurgien, un de nos prisonniers (1), m'avait saigné de mes deux bras, et m'avait donné deux lavements, ce qui n'avait laissé en moi aucune force pour travailler à ma conservation. Lorsque j'étais couvert de flots, et en danger de perdre bientôt ma vie, selon toutes les apparences, je ne pouvais jamais me tirer des gouffres où je me voyais comme enseveli. Mais Dieu, qui aime à paraître dans l'extrémité, et qui se plaît à faire voir qu'il peut tout, là où nous ne pouvons rien, me conserva d'une manière toute miraculeuse.

Un peu avant le jour, lorsque je considérais mon tombeau et que je me préparais à y entrer, je me trouvai au milieu des débris du navire, et sous quelques pièces de bois, qui empêchaient les eaux de m'emporter et de m'engloutir. Le bois qui me servait d'ancre et de couverture pour m'arrêter et pour me conserver me serrait et me pressait souvent et si fort que je fus obligé de voir si je

(1) Le même dont nous publions une relation à l'append. V.

ne pourrais pas faire quelque ouverture à ma tête pour la tirer du péril, et pour la mettre en état de pouvoir mieux respirer qu'elle ne faisait. Mais quelque soin que je prisse pour cela, je n'en pus point venir à bout; je reçus plusieurs blessures du bois dont j'étais serré, et des clous qui y étaient attachés. La mer poussant ce bois près de moi et sur moi avec violence, j'en étais souvent meurtri, et les clous qui y tenaient encore me déchiraient à tous moments. Je fis alors divers efforts pour monter sur quelque pièce de ce bois dont j'étais fort incommodé ; mais la mer était si agitée et j'étais si faible, que je ne pus me tenir sur aucune. Je fus renversé souvent par les vagues, qui me replongeaient dans le lieu d'où je tâchais de sortir.

Enfin, après avoir essuyé divers coups et divers malheurs, je montai, avec l'aide de quelques-uns de nos prisonniers, sur le grand mât, où j'aperçus l'aumônier du navire, qui en avait fait sa planche. Il ne m'eut pas plus tôt vu que, reprenant sa fonction de missionnaire, il me dit : « Eh bien, monsieur Serres, nous voilà tous deux près de mourir, et vous surtout qui êtes si malade ; ne voulez-vous pas vous résoudre à vous faire catholique, et à me rendre en ce moment le témoin de votre conversion ? » — Je fus extrêmement surpris qu'il me tînt alors ce langage. — « Quoi ! lui répondis-je, votre feu à nous troubler n'est-il pas encore éteint ? Pouvez-vous bien penser que je veuille oublier Dieu dans le temps que je dois me préparer à aller à lui ? Comment pouvez-vous croire que je veuille faire un faux pas, lorsque je m'en vais finir ma course ? Vous n'y pensez pas ; c'est vous, c'est vous qui, devant penser à vous sauver, dans l'extrémité où vous êtes, ne devriez pas différer d'un moment à embrasser notre religion, qui est la plus pure qui soit au monde, et hors de laquelle il ne peut point y avoir de salut. » — Cela l'émut et le troubla si fort, qu'il me pria de ne lui parler plus.

Les planches sur lesquelles nous étions étaient si fort ébranlées, et nous y étions si fort agités, que je changeai souvent d'assiette et de place. Je fus tantôt sur une pièce de bois et tantôt sur une autre, jusques environ dix à onze heures du matin. Nous espérâmes jusques alors que le capitaine nous enverrait quelque chaloupe pour nous secourir, comme il nous l'avait promis dans le temps qu'il abandonna le navire. Mais notre espérance fut vaine, ce secours n'arriva point pour nous tirer du péril où nous étions. Nous n'en pouvions pas sortir nous-mêmes, quelques planches qui nous eussent resté après le naufrage, parce que la plupart des pièces de bois sur lesquelles nous nous appuyons, étaient attachées les unes aux autres par des cordages, et arrêtées par les ancres et les canons, qui touchaient à terre. Je jugeai que la chose était ainsi, voyant que le débris parmi lequel j'étais, et sur lequel plusieurs s'appuyaient avec moi, demeurait toujours au même endroit. Je ne fus pas le seul à le penser ; plusieurs eurent avec moi la même pensée, et prévoyant bien que les planches ne pouvaient pas sortir du lieu où nous les avions trouvées, et où nous étions toujours en danger de périr, quelques-uns d'eux s'avisèrent de couper les cordes qui liaient les pièces de bois où ils s'appuyaient, ce qu'ils firent avec quelques couteaux qu'ils avaient conservés, de sorte que leurs planches étant séparées et le vent les poussant favorablement vers la terre, elles les portèrent à terre, et ils furent heureusement sauvés.

Il y en eut d'autres qui furent délivrés par les sauvages, lesquels, s'étant aperçus de loin de notre naufrage, et nous ayant vus dans le péril où nous étions, vinrent pour nous secourir, avec une petite barque appelée canot. Nous ne pûmes pas recevoir d'eux tout le secours qu'ils eussent bien voulu nous donner. La mer étant fort grosse et ces sauvages n'ayant qu'une petite barque, ils ne purent pas la charger de tous ceux qui souhaitaient d'y entrer et qu'ils eussent voulu prendre. Ils furent contraints d'en laisser plusieurs dans le danger ; maître Brun, et Michel, prisonniers de la ville de Nîmes, furent de ces malheureux ; ils passèrent deux jours entiers et toute une nuit à l'endroit où les libérateurs les avaient laissés et d'où ils vinrent enfin les délivrer.

Quoique nous fussions à deux grandes lieues de la terre, je me hasardai d'y aller sur une pièce du pont détachée des autres ; elle était de la largeur et de la longueur d'une grande table, mais avec tout cela elle était trop petite pour quatre hommes qui y étaient dessus. Ce poids la tenait si fort enfoncée que les vagues passaient toujours sur nos têtes. Notre planche fut diverses fois renversée, et nous craignîmes souvent qu'elle nous allait manquer, lorsqu'elle se renversait, ce qui nous arriva cinq ou six fois. Les deux plus sains et plus vigoureux y remontaient dessus ; de là ils me tendaient la main, et à un autre qui était malade comme moi ; et, avec le secours de quelque vague qui nous élevait en haut, ils nous mettaient derechef sur la planche, où ils étaient remontés. Faisant ainsi tristement notre chemin, nous fûmes, un peu avant la nuit, assez près de la terre, entre trois et quatre îles. Mais le vent nous ayant ici manqué, et n'ayant rien pour ramer, nous ne pûmes point aller plus avant. Alors, quoique le port parût à nos yeux, ne pouvant point nous en approcher, et croyant que la nuit nous allait ôter tout le moyen d'y aller, je ne souhaitai autre chose que de me pouvoir coucher sur le bois qui me servait d'appui, pour mourir ainsi en repos.

Mais l'eau passant alors sur ma tête, il me fut impossible de demeurer couché ; je ne fis que penser et me préparer à ma fin. Comme mon cœur était à tout cela, ceux de ma compagnie virent, à travers la clarté de la lune qui nous favorisait dans ce moment, une petite barque, qui les flatta de quelque secours. D'abord ils crièrent pour le demander. La barque vint près de nous. Il y avait dedans deux nègres, l'un desquels parlait français. Celui-ci nous dit en notre langue que, si nous voulions lui donner un écu, il nous porterait chez lui. Je lui promis ce qu'il demandait, et lui, de son côté, exécuta sa promesse : il nous porta dans sa maison, où nous trouvâmes plusieurs de nos prisonniers et d'autres gens qui venaient du naufrage ; nous y bénîmes Dieu de notre miraculeuse délivrance.

Nous voilà hors du péril où nous avions longtemps été, mais non pas hors des besoins qui travaillent notre vie. Les rudes fatigues qu'elle venait d'essuyer, les grands efforts qu'elle venait de faire, avaient presque épuisé toutes ses forces, et l'obligeaient à demander quelque peu de pain et quelque peu d'eau pour se fortifier. Mais l'un et l'autre manquaient dans la maison où nous étions. J'étais en mon particulier dans une extrême langueur, et elle fut de beaucoup augmentée par les troubles, les peines et les combats qu'il m'avait fallu soutenir pendant quatorze ou quinze heures au milieu des flots et des vagues. Tout cela fit que la fièvre, qui m'avait auparavant travaillé, me dévorait et me consumait. Dans cet état je demandai instamment de l'eau; mais quelque instance que fît la violence de ma soif, il fut impossible d'en avoir, parce qu'il fallait l'aller chercher à plus d'une demi-lieue de la maison où nous étions.

Cet asile ne put nous fournir, ni de quoi nous nourrir, ni de quoi nous faire reposer. Nous n'y trouvâmes aucun lit pour coucher. Alors, oubliant les besoins auxquels je ne pouvais pas subvenir, je pensai à ceux pour lesquels je pouvais trouver quelque secours. Ma chemise étant toute mouillée des eaux de notre naufrage, et toute déchirée des clous qui m'y avaient si fort incommodé, je la dépouillai, et je priai la femme d'un de ces nègres qui venait de nous délivrer, d'avoir la bonté de l'accommoder et la faire sécher, ce qu'elle m'accorda volontiers. Je me mis aussitôt après sur une chaise, où je passai la nuit, n'ayant qu'un bonnet sur tout mon corps.

Le lendemain, les autres prisonniers qui avaient été délivrés, et qui se trouvaient dans la maison où j'étais, pensant avec moi aux dangers que nous venions de passer et aux merveilles de notre délivrance, nous suspendîmes tous ensemble, pour un temps, le sentiment de nos douleurs et de nos nécessités, pour nous entretenir de ceux qui avaient péri dans le naufrage, et de ceux qui en étaient sortis. Nous trouvâmes parmi ceux qui s'étaient noyés, quinze hommes de nos prisonniers. Voici leurs noms : M. Daudé, de la ville d'Alais, qui était un des prisonniers qui avait resté longtemps à Aigues-Mortes, et qui avait souffert des longues et cruelles prisons ; il était paralytique de la moitié de son corps, et fut si malade dans le voyage, qu'il fut aveugle pendant quelque temps ; ce ne fut que quelques jours avant le naufrage qu'il commençait à y revoir un peu ; il y avait eu aussi d'autres prisonniers qui avaient perdu la vue dans la peine. Ceux qui furent noyés avec M. Daudé sont : M. Guy, bourgeois de Bédarieux, et M. Crousier (1), marchand du Vivarais, tous deux distingués par leurs dures prisons, par leurs longues souffrances, par la généreuse constance qu'ils y avaient toujours fait paraître, et par la grande estime que nous avions pour eux ; MM. Jacques Aloger, facturier de Nîmes ; Pierre Roux, cardeur de Nîmes ; Jean Fontaine, marchand de la Gardonnenque ; Pierre Hue,

(1) Ou Crozier, de Villeneuve-de-Berg.

facturier d'Anduze ; Pierre Roque, tailleur ; Jean-Pierre Gras, qui était un de ceux qui prêchaient dans les Cévennes ; François Chapelle ; Laurent Mazel ; Pierre Fesquet ; Guillaume Reynaud (1) ; Anthoine Malzac et Raimond Tourrene ; ces huit derniers étaient des Cévennes ; il y en eut quelques autres qui périrent dans le naufrage.

Il est facile de concevoir de ce que j'ai dit de l'état où étaient nos prisonnières lorsque notre vaisseau fit naufrage, qu'il y en eut peu qui n'y laissassent leur vie. Etant alors enfermées dans leurs chambres, et y voyant entrer l'eau de divers côtés, elles se préparèrent à mourir, et voici comment : chacune d'elles fit sa prière en particulier, elles chantèrent après un psaume et prièrent Dieu toutes ensemble. Elles s'embrassèrent ensuite les unes les autres, en se disant ainsi adieu mutuellement ; et, disant ainsi adieu

(1) Ou Renaud.

toutes de concert au monde et à la vie, elles allèrent comme par la main à la mort et montèrent vers Dieu. C'est ce que j'ai appris de la propre bouche d'une de celles qui trouvèrent le moyen de sortir de la chambre où les autres ont trouvé leur tombeau. Celles qui se noyèrent sont : Madame d'Arnaud, veuve de M. Arnaud, ministre de Beauvert (1), digne d'être mise au premier rang par son zèle, par son savoir et par sa fermeté ; les demoiselles Louise et Dauphine Arnaud, ses belles-sœurs, la dernière devint entièrement aveugle dans le voyage ; Mademoiselle de Bonnami, du Poitou ; Mademoiselle Baldine, de Vendémian ; Mademoiselle Anne Expert, de Puylaurens, en Languedoc, qui, dès le moment de la persécution, témoigna une grande fermeté, et qui avait souffert de longues et cruelles prisons ; la veuve de Lause, de Nîmes ; la veuve de Roque, de La

(1) Vauvert, près de Nîmes.

Salle; Jeanne et Isabeau Roque, ses filles; Jeanne Bessonne, de La Salle; Passette, de Nîmes; Jeanne et Isabeau Peyriques, sœurs, de St-Ambroix; Madeleine Joyeuse, des environs de Nîmes; Marie Laune, de Nîmes; la veuve de Donnadieu, cordonnier de Nîmes; la femme de Dumas, d'Anduze; la femme de Guillaume La Combe, de La Salle; la veuve de maître Gardelle (1), fondeur, de Montpellier; et Isabeau Mienne, d'Anduze. Toutes les femmes qui étaient dans notre navire, à la réserve d'une, qui faisait le voyage volontairement, étaient du nombre de celles qui n'avaient point changé de religion, ou de celles qui, après être tombées par infirmité, dans le fort de la persécution, s'étaient relevées promptement par repentance. Elles portèrent leur constance jusqu'à Marseille, où on ne put jamais les contraindre de faire rien contre leur

(1) Ou Gradelle.

conscience, et jusques à la mort, où elles allèrent généreusement.

Comme je vous ai insinué qu'il y eut des hommes et des femmes qui se sauvèrent du naufrage, je crois qu'il importe que je vous les fasse un peu connaître. Dans cette pensée, je vais vous marquer les noms et les qualités des uns et des autres.

Les hommes de l'ordre de nos prisonniers sont : M. Guiraud, lieutenant de cavalerie, de la ville de Nîmes, qui a souffert des longues prisons, et qui a toujours été fort en estime parmi nos prisonniers ; le sieur Pierre Isanchon, chirurgien de Montauban (1), et M. Nouvel, marchand, de Nîmes, qui ont souffert fort constamment des longues prisons ; M. de Lerpinière, de Saumur, qui étudiait, avant qu'il fut pris, en théologie ; le sieur Charles Le Jeune, bourgeois de Villeneuve-

(1) Auteur de l'intéressante relation du naufrage que nous publions à l'appendice V, et qui confirme pleinement le récit de Serres.

de-Berg (1) ; le sieur Mazauric, de la ville d'Alais, qui avait rendu des services considérables à plusieurs de nos prisonniers, surtout pendant le temps que nous étions malades : ces trois derniers sont de nos prisonniers qui ont demeuré longtemps à Aigues Mortes, et qui ont beaucoup souffert; Jean et Isaac Bouissons (2), facturiers de laine ; Pierre Lorange (3) ; maître Bastier ; Pierre Michel, voiturier ; Pierre Brun ; le nommé Lerrieu (4) : tous ces six sont de la ville de Nîmes ; le sieur Gouiraud (5), de la ville d'Uzès ; Daniel Vedel, de Clarensac ; Daniel Laget, de Montpellier ; Claude Juran, de Vallez ; Jacques Fontane, de Saint-Paul ; Antoine Lafon, de Saint-Paul ; Pierre Amblard, de Gé-

(1) Voir sur les souffrances de Charles Le Jeune, l'appendice VI et la fin de la IVe relation.

(2) Ou Boisson.

(3) Ou Orange.

(4) Ou Terrieu.

(5) Ou Goirand.

nernogues (1); François Salendres, de La Salle; Antoine Ture, de Saint-Etienne, des environs du Vigan; Jean Mazeirac, des environs d'Alais; Claude Bourdy; Guillaume Lacombe, de La Salle; Jean Martin; Jacques Gras; Jacques Ducros; Fulcrand Fabre; Jean Malzac; Anthoine Mazel; David Fesquet; Pierre Duclos; Nicolas Andiger; Grulhet (2), fils, et Charles Mercou : ces vingt sont des Cévennes ou des environs.

Les femmes prisonnières qui sortirent de la chambre où les autres furent noyées sont en petit nombre. Il n'y eut que la femme de maître Alanger et Marguerite Passe, femme d'Anthoine Jalabert, de Nîmes; la nommée Susanne, de Saint-Hippolyte, et la femme de Vedel, de Clarensac, qui fit le voyage volontairement pour suivre son mari qui était prisonnier, et partager avec lui toutes ses disgrâces;

(1) Probablement Générargues (Gard).
(2) Ou Gruillet.

ce sont toutes celles qui se sont sauvées du naufrage (1).

Après avoir compté ceux qui en étaient sortis, nous trouvâmes qu'environ cent trente personnes avaient perdu la vie, parmi lesquels étaient deux écrivains, l'écrivain du roi (2), qui s'appelait M. du Brueil, de Paris, et l'écrivain du vaisseau (3), qui se nommait M. La Tatte, du côté de Bordeaux ; quelques soldats, deux passagers, quelques soldats et beaucoup de forçats. Du nombre de ces malheureux fut un nommé La Roche, de Montpellier, qui n'avait été mis dans les galères que pour avoir déserté les troupes où il servait ; celui ci nous distribuait les

(1) On peut comparer ces diverses listes de noms avec les listes correspondantes de la relation de Pierre Issanchon. (Append. V.) Ce dernier nous paraît donner les noms plus correctement que Serres, ou plutôt que son imprimeur hollandais qui a mal déchiffré son manuscrit.

(2) Notaire.

(3) Personne chargée, dans un navire, de tenir les écritures et le registre de tout ce qui s'y consomme.

vivres et rendit beaucoup de services à nos prisonniers. J'en reçus de lui en particulier de si considérables que je ne saurais les oublier de ma vie. Il était très honnête homme et s'était acquis l'approbation de tous nos captifs.

Après avoir fait tous ces calculs avec les réchappés du naufrage qui se trouvèrent avec moi dans la maison des nègres qui nous avaient délivrés, le pain et l'eau nous manquant dans cette maison, comme je l'ai déjà dit, ayant conservé quelques louis d'or dans une petite bourse que j'avais attachée au bout de ma chemise; je dis à ceux de ma compagnie qui étaient les plus forts d'avoir la bonté de me porter dans quelque endroit où il y eut des vivres, pour prendre là quelque nourriture et pour envoyer de là quelque provision à ceux qui resteraient dans la maison où nous étions. Le contre-maître de notre navire et un forçat me présentèrent d'abord leurs bras; ils me mirent dans un petit canot, avec lequel nous passâmes un bras de mer, et nous nous rendîmes dans l'île de la Martinique, dans une maison de nègres, où, ayant trouvé des vivres, nous en prîmes pour réparer un peu nos forces, et j'en envoyai d'abord à nos pauvres réchappés, qui en avaient un extrême besoin.

C'est de cette maison, où je suis pour me refaire un peu, que je vous écris les tristes aventures et les grandes révolutions de mon voyage, ayant trouvé une commodité pour vous le faire savoir en France. Vous voulez sans doute, avant que je finisse ma relation, que je vous dise ce que je pense du dessein du capitaine de notre navire, et de celui qu'eurent nos persécuteurs, lorsqu'ils nous livrèrent à sa conduite. Mais c'est sur quoi je n'oserais prononcer. Tout ce que je puis dire, c'est que le capitaine est coupable de nos malheurs ; premièrement, de ce qu'il ne voulut pas croire le pilote ; secondement, de ce qu'il ne voulut jamais faire tirer aucun canon, de quatorze que nous en avions dans le vaisseau, pour demander du secours ; et en troisième lieu, de ce qu'il nous abandonna sans nous envoyer aucune chaloupe, quoiqu'il nous l'eût promis en nous quittant. Et il serait encore plus coupable de notre naufrage, s'il était vrai ce qu'on m'a dit, savoir qu'il avait assuré plusieurs marchandises qu'il n'avait point dans son navire. Je n'ai garde pourtant de tirer aucune conclusion de toutes ces conjectures ; mais je vous laisse, mon cher Monsieur, la liberté de conclure ce que vous trouverez à propos des principes historiques que je viens d'établir (1). Je finis ma relation puisqu'il

---

(1) Les soupçons que Serres énonce ici sur les causes du naufrage semblent plausibles. Il est certain, en tout cas, que les protestants en Europe crurent généralement que ce n'était pas là un sinistre maritime purement fortuit. Jurieu se fit l'écho de ces rumeurs : « D'autres ont écrit, dit-il à la fin de sa 22e lettre, que ce naufrage est une affaire de commande, parce que le vent était très favorable pour entrer dans le port de l'île, et que tout l'équipage s'est sauvé. Pour moi, ajoute-t-il, je ne veux point prévenir les esprits là-dessus, tant l'action est énorme. »

faut que je change de place. Le lieu d'où je vous écris ne peut pas me garder ; la servitude me prépare une autre place ailleurs, où je dois bientôt aller. Si on m'y laisse quelque liberté, je tâcherai de vous faire savoir ce qui se passera dans mon exil et dans mon esclavage.

Fin de la seconde Relation.

TROISIÈME RELATION

DU SIEUR SERRES CONTENANT SA CAPTIVITÉ DANS L'AMÉRIQUE.

A un de ses amis.

Je ne sais, Monsieur, si vous avez reçu la relation que je vous envoyai du lieu de mon exil. Je vous l'écrivis aussitôt que j'y fus, pour essuyer les eaux de notre naufrage, et pour entrer dans la servitude, où les ennemis de notre religion ont résolu de nous faire périr. Si vous l'avez reçue, je suis persuadé qu'elle a touché votre cœur, et que vous avez déjà donné beaucoup de larmes et de soupirs à nos malheurs. Je n'ai pas oublié que je finis ma relation en vous promettant d'employer les moments que mon esclavage me laisserait dans l'Amérique, à vous informer des maux qu'on m'y ferait souffrir, afin que vous y prissiez la part que vous voulez y prendre. Je ne me suis pas trompé dans la pensée que j'ai eue depuis le commencement de notre périlleux voyage, lorsque j'ai cru que nos persécuteurs ne nous le faisaient faire que pour nous faire périr au milieu des flots, ou pour nous faire mourir plus cruellement parmi les sauvages. C'est de quoi je viens de faire de tristes expériences. Je vous avoue pourtant que, si la France ne portait pas son autorité jusque dans cette région, nos fers n'y seraient pas si pesants qu'ils ont été en France : les sauvages ont un cœur plus humain que nos Français, leur main est moins cruelle que celles de nos persécuteurs, ils gardent mieux le droit des gens, ils sont touchés des maux qu'on souffre, et sont moins disposés à faire souffrir des maux aux innocents ; ils aiment leurs compatriotes, ils sont hospitaliers envers les malheureux, ils donnent asile aux étrangers, et je puis dire, après ce que j'ai vu et expérimenté chez eux, que, si la France ne régnait pas dans l'Amérique, l'Amérique deviendrait notre France, je veux dire notre patrie; les sauvages nous feraient l'office de compatriotes, lorsque nos compatriotes exercent contre nous la cruauté des sauvages.

Je fus quelques jours dans la maison d'où je vous écrivis les infortunes de notre voyage et les circonstances de notre naufrage. Après que j'eus repris quelques forces, deux nègres me portèrent en divers lieux de l'île de la Martinique, où était cette maison. Après avoir été promener en divers endroits, je me trouvai enfin dans une sucrerie, où je fus si malade et si languissant, qu'il me fut impossible de passer outre. On me mit d'abord dans une petite maison où je vis des révolutions du temps bien promptes et bien fâcheuses. J'y étais incommodé beaucoup de la chaleur pendant le jour et du froid durant la nuit.

Les injures vinrent se joindre à ces incommodités; il y avait des forçats dans ce lieu, qui venaient m'insulter à tous moments d'une manière extrêmement cruelle; ils vomissaient de si fortes injures contre notre religion et contre les fidèles confesseurs, que j'en avais mon cœur tout percé, quoi que je fisse pour ne les point entendre et que je feignisse alors une grande dureté d'oreille, pour n'être pas obligé à donner aucune réponse. Le maître de la maison et sa femme, tous deux Français et Bretons d'origine, papistes et fort bigots, se joignaient de temps en temps aux forçats pour m'insulter avec eux; ils poussaient à leur tour diverses injures contre ma religion, et me disaient, pour aigrir mes plaies et pour me faire perdre courage dans mes maux, qu'ils ne sauraient se résoudre à donner aucun remède à un huguenot et à faire rien pour lui.

Je n'avais alors sur mon corps qu'une

méchante chemise et qu'un bonnet, et pour tout lit qu'un peu d'herbe. Mes souffrances furent alors si grandes, que, par l'étroite liaison que notre âme a avec notre corps, je craignis de perdre entièrement la vue, et perdis ma mémoire en même temps : j'avais de la peine à apercevoir les objets, et ne conservais presque aucune idée des choses que j'avais vues et que j'avais parfaitement sues auparavant. Mon état était si triste que ce serait vous en dire très peu de chose que de vous assurer que le soleil avait si fort brûlé mon corps que je ne conservais rien de ma couleur naturelle ; ses ardeurs avaient si fort rôti ma peau, qu'il semblait qu'elle eût passé par un feu très ardent. Ce sera encore vous dire peu de mon triste état, si j'ajoute que la forte fièvre que j'avais, séchait tout au dedans et qu'elle consumait toute ma vigueur. Je puis vous dire aussi que je souffrais beaucoup de diverses blessures que j'avais reçues dans notre naufrage et de certains animaux nommés chiques, qui avaient percé mes pieds et qui les rongeaient continuellement, de cinq clous que j'avais en diverses parties de mon corps et d'un panaris, qui corrompit si fort le pouce de ma main droite, que j'en ai ce doigt estropié.

Je souffrais tous ces maux en même temps ; mais, pour si rudes qu'ils fussent, je n'y fus pas si sensible que je le fus aux attaques de plusieurs persécuteurs qui, par leurs discours, mêlaient le feu et le poison parmi mes maux. Ce qui m'affligea et m'accabla davantage, fut la persécution d'un Provençal, nommé M. Le Bègue, major de cette île. Celui-ci mettait toute son autorité et toute sa sévérité en usage pour ne me laisser aucun repos, lorsque les autres persécuteurs faisaient tous leurs efforts pour me le ravir. Il venait me dire souvent que je n'aurais jamais de repos jusqu'à ce que j'aurais changé de religion, et que si je refusais longtemps de le faire, je ne saurais éviter le gibet ; que c'est là où il me ferait bientôt mourir honteusement. Je lui répondis que sa menace ne m'étonnait point, et que le supplice qu'il me préparait ne me faisait point de peur ; qu'il ne fallait point me faire venir si loin pour me le faire souffrir ; que j'y étais disposé dès ma prison en France, et qu'on aurait mieux fait, pour abréger mes peines, de m'y condamner alors. Il me rendit diverses visites, qu'il accompagna toujours de semblables discours. Les autres personnes qui me visitèrent ne portaient pas un meilleur cœur et ne me tenaient pas un plus doux langage.

L'état où j'étais demandant du repos, et le lieu où j'étais ne m'en laissant point, aussitôt que je pus me tenir sur un cheval, je changeai de place. J'allai au fort Saint-Pierre, qui est à vingt-cinq lieues du lieu dont je viens de parler. Mon but fut, en me tirant d'une forte persécution, de chercher quelque remède à mon doigt, que je craignais de perdre et d'être obligé de faire couper, et de trouver quelque peu de pain, n'en ayant point pu avoir dans ce lieu où mes maux m'avaient arrêté, quelque instance que je fisse, et quelque argent que je pusse offrir pour cela.

Je ne fus pas plus tôt arrivé au Fort-Saint-Pierre que j'y appris le véritable sort du capitaine de notre navire, qui avait fait naufrage. Le bruit avait été que le général lui ferait faire son procès, et qu'il serait jugé par les capitaines des navires. Mais on m'assura dans le Fort qu'on ne lui avait intenté aucun procès, qu'on le laissait au contraire vivre en paix. Ce ne fut pas la seule nouvelle qu'on me donna dans le Fort-Saint-Pierre. Si celle-là vint m'assurer du repos de ce capitaine, il y en eut une autre qui m'ôta l'espérance du repos que je cherchais. On me dit d'abord que je devais me préparer à voir augmenter mes peines, puisque j'allais tomber entre les mains de M. de Blennac, général des Iles françaises, homme extrêmement rude, et animé de tout l'esprit de cruauté qui anime la religion romaine. On ajouta, pour me persuader mieux ce qu'on me disait de lui, et pour éprouver davantage mon cœur, qu'il avait déjà fait prendre le sieur Pelat, chirurgien de Sommières, un de nos prisonniers, échappé du naufrage ; et qu'il faisait chercher le sieur de Lerpinière, de Saumur, qui avait étudié en théologie, faisant battre pour cela le tambour partout, et donnant ordre à tous ceux qui sauraient où il était caché de le révéler. Ce digne confesseur était alors dans la maison du sieur Lafon, marchand du Fort-Saint-Pierre, qui l'avait retiré de nuit charitablement chez lui, et qui, en étant soupçonné, et ne voulant pas l'avouer, fut mis dans un cachot, et y fut détenu jusqu'à ce qu'il l'eût déclaré.

Ayant appris toutes ces choses, je fis tout ce que je pus pour me dérober à l'œil et à la main de ce terrible instrument de la persécution et de la fureur de France; je me tins caché le mieux qu'il me fut possible. Mais tous les soins que je pris pour éviter le coup de ce persécuteur furent inutiles; il sut bientôt où j'étais, et il ne l'eut pas plus tôt su, qu'il m'envoya chercher par un de ses gardes. Il se promenait devant le Fort, avec le major, lorsque je me présentai devant lui. J'étais dans un état à faire pitié à l'homme le plus cruel du monde ; mais je ne remarquai en lui aucune pitié pour moi. Tout y fut inhumain, fort scandaleux et entièrement barbare. Il ne voulut jamais écouter rien de ce que je lui voulais dire pour le toucher, et j'eus mes oreilles frappées de plusieurs injures, de grosses menaces et d'horribles blasphèmes que sa bouche vomissait à tous moments. Il ne se contenta pas de cela ; il commanda diverses fois au garde qui m'avait conduit près de lui, de me casser la tête avec un bâton qu'il portait, et lui ordonna enfin de me mettre dans le cachot où étaient les sieurs Pelat et Lafon. Le garde me mit dans ce cachot, où le sieur de Lerpinière fut mené la nuit suivante.

Ce cachot ressemble à un four, il en a la forme et la grandeur, aussi bien que les incommodités. On n'y peut entrer qu'en se courbant, et on a de la peine à y respirer. La lumière n'y entre d'aucun côté, et, comme il est au fond du corps de garde, derrière une grande cheminée où tous les soldats font leur cuisine et divers feux, il n'est guère moins chaud qu'un four. Quoique je fusse tout nu dans ce cachot, ayant quitté la chemise que je portais, l'eau de mes sueurs coulait toujours sur tout mon corps, et de telle manière qu'il semblait qu'on l'y versât à pleins seaux. Ce n'est pas là la seule incommodité de ce cachot: les ordures qu'on était obligé d'y faire, sur lesquelles il nous fallait coucher, rendaient ce cachot du tout insupportable par sa corruption et par sa puanteur. Nous fûmes bien surpris de nous voir dans ces horribles peines, et nous ne le fûmes pas moins d'apprendre que c'étaient les ordres de nous traiter avec cette cruauté.

Voyant que la persécution nous poursuivait partout, et qu'elle renouvelait et redoublait tous les jours ses coups pour nous faire succomber à force de supplices, nous trouvâmes que la mort nous serait meilleure incomparablement que la vie. Après cette considération, je passai toute une nuit en prières, priant Dieu instamment ou de me retirer lui-même du monde, ou d'inspirer à mes ennemis de me faire promptement mourir, afin que je ne succombasse point sous la longueur d'une persécution si violente. Je me sentais alors assez de courage pour mourir avec joie, quelque mort qu'on me fît souffrir ; mais j'avoue que je ne me trouvais point assez fort pour soutenir une longue épreuve dans le cachot épouvantable où on m'avait mis. On arracha enfin de notre main une signature contre notre religion, sans nous obliger à parler et à faire aucun serment contre elle.

Quoique cette faute fût contrainte, et que mon cœur n'y eût point de part, je la reconnus un moment après, ma conscience me la reprocha, mon cœur en gémit, et mes yeux en pleurèrent amèrement. Si les anciens ont dit du péché de saint Pierre, lorsqu'il renia son Maître, qu'il en eut tant de honte et qu'il en sentit tant de douleur, qu'il en pleura toute sa vie, je puis dire que ma faute m'a paru si honteuse, et qu'elle a fait une si forte impression en moi, que la douleur que j'en ai eue, et que j'en ai encore, durera autant que ma vie : je l'ai toujours devant mes yeux, je la sens toujours dans mon âme, et j'en ai toujours des remords dans ma conscience. Qu'elle est calme, cette conscience, tandis qu'elle est pure devant Dieu ! Mais qu'elle est agitée aussitôt qu'elle vient à perdre sa pureté ! Que de repos tandis que nous glorifions Dieu en nos corps et en nos esprits ! Mais que de troubles aussitôt que quelqu'une de ces parties de nous-mêmes vient à se révolter de son service et à être contraire à sa gloire ! Je sais maintenant l'un et l'autre par expérience.

Notre faute nous ouvrit à la vérité notre cachot, mais ne nous fit pas trouver notre entière liberté, car, outre le trouble qu'elle causait à notre conscience, elle nous laissa celui de nous voir toujours entre les mains de nos persécuteurs, qui continuèrent leur cruauté contre nous. Quelques jours après qu'ils nous eurent fait sortir de la prison horrible du Fort-Saint-Pierre, on nous mit sur un petit navire nommé le *Prophète Royal*, commandé par un capitaine de la ville de Dieppe, qu'on appelait le capitaine Beauvlain, papiste de religion. Il eut ordre de nous porter à Saint-Domingue, qui est une grande île éloignée de la Martinique, de deux cent soixante lieues, fort malsaine. Tout cela fut conduit par le commandement de M. de Blennac ; c'est le général des inhumanités duquel j'ai déjà parlé. Comme s'il avait voulu nous empécher d'oublier les actes de cruauté qu'il avait exercés contre nous, il les continua jusque dans le navire où il commanda de nous mettre, et jusque dans l'île de Saint-Domingue où il ordonna de nous mener ; car il ne permit de nous donner pour toute nourriture pendant notre voyage, que quelque méchant bœuf salé, et quelque peu de farine de manioc, dont un chien affamé n'aurait pu manger. Le capitaine du navire, s'étant aperçu que nous ne pouvions pas entretenir notre vie par de tels aliments, et que nous ne saurions éviter de la perdre si nous n'avions une autre nourriture, eut la charité de nous faire part de celle de son équipage.

Nous fûmes mouiller à une île nommée la Dominique, qui est la retraite et la demeure des sauvages. Nous y fîmes quelque séjour, pour y faire quelque provision de bois et d'eau. Plusieurs sauvages, de ceux qui habitent cette île, vinrent dans notre bord pour nous vendre des fruits et beaucoup d'autres choses de leur pays. De là, nous fûmes mouiller l'ancre à Saint-Christophe, qui est une île moitié française et moitié anglaise. Ce qui obligea le capitaine à mouiller dans cette île, fut parce que notre vaisseau y devait prendre du sucre.

Deux jours après, on nous mit à terre, et nous n'y fûmes pas plus tôt qu'on nous mena devant M. de Saint-Laurent, gouverneur de cette île, selon l'ordre qui en avait été donné au capitaine de notre navire. Ce gouverneur nous fit conduire d'abord en prison, où nous fûmes pendant un mois, sans être visités et sans pouvoir être vus d'aucune personne de notre religion, ni de celles qui la professaient, ni de celles qui en avaient fait profession, cela ayant été fortement défendu. Quoique notre prison fût assez forte, nous y étions gardés la nuit par un grand nombre de soldats. Le gouverneur nous y vint voir, et nous y témoigna avoir beaucoup de regret de nous traiter avec toute la rigueur qu'il exerçait contre nous, nous faisant en même temps connaître qu'il y était obligé par des ordres auxquels il ne pouvait pas résister. Il fut si fort touché de notre sort et de notre état qu'il m'envoya, à moi en particulier, son chirurgien pour me faire divers remèdes, et qu'il nous consola tous, par divers bienfaits que nous reçûmes de lui.

La défense qu'on fit de nous laisser voir à ceux de notre religion, ne laissa pas de récréer nos entrailles par les effets de leur charité. Plusieurs Français et plusieurs Anglais trouvèrent le moyen de faire entrer leurs présents dans notre prison. La maison qui se signala le mieux dans cette occasion fut celle de M. Jean Papin, de laquelle nous reçûmes de grands bienfaits.

Après que Dieu nous eut ainsi consolés dans Saint-Christophe, nous en partîmes pour Saint-Domingue, où nous arrivâmes dix jours après. En y arrivant, nous entrâmes dans un quartier de cette île appelé le Cap. Notre capitaine nous présenta à M. de Franquenay, lieutenant du roi, fort papiste, mais humain et très honnête homme ; nous en fûmes convaincus par divers effets. Aussitôt que nous fûmes présentés à lui, il nous dit que les lettres de M. le général étaient pour M. de Quissy, gouverneur, qui se tient au Port-de-Paix, à trente lieues du Cap. Il ajouta qu'il nous y ferait conduire par la première commodité, que cependant il nous donnerait la liberté de nous promener, et qu'il nous priait de venir manger à sa table, ce que nous fîmes, en ayant un extrême besoin.

Pendant le séjour que nous fîmes au Cap, les dimanches et les jours de fêtes, nous nous retirions dans les bois, où nous passions toute la journée, pour n'avoir nulle part aux actes de la superstition et de l'idolâtrie, et pour remplir les devoirs de notre sainte religion. M. de Franquenay, en ayant été averti, nous en fit diverses plaintes, et nous dit qu'on nous obligerait à faire notre devoir dans les exercices de la religion catholique; mais, quoi qu'il nous pût dire à ce sujet, nous tînmes toujours la même conduite.

Nous fûmes treize jours au Cap. En étant partis ensuite, nous arrivâmes au Port-de-Paix, où étant présentés à M. de Quissy, gouverneur, il lut les lettres qu'on lui rendit sur notre sujet, et nous dit sur l'heure, que M. le général lui écrivait que nous étions des gens très dangereux, et qu'il ferait bien de nous séparer.

Le lendemain, il me fit partir avec le sieur Pelat, et nous envoya tous deux à un endroit appelé Léogane, qui est à quatre-vingts lieues du Port-de-Paix, et où M. Dumas, autre lieutenant du roi, tient ses assises. J'étais toujours malade, ce qui m'obligea à rester au lieu où nous avions débarqué, qui était à quelques lieues de celui où M. Dumas faisait son séjour. Pelat fut le voir pour savoir ce qu'il voulait faire de lui et de moi. Il lui répondit que nous pouvions chercher tous deux à gagner notre vie. Cette nouvelle me fut bientôt portée au lieu où j'étais ; Pelat ne me l'eût pas plus tôt donnée, que je lui dis que, puisque nous étions mis en liberté, nous ne devions penser et travailler qu'à nous sauver ; que comme on m'avait assuré que le fond de l'île à Vache était le seul endroit où nous pouvions nous libérer des mains de nos ennemis, par le secours des Anglais qui y voyageaient, j'étais d'avis d'y aller, quoique le voyage fût pénible et dangereux, pour nous arracher aux mains cruelles de nos persécuteurs.

Le fond de l'île à Vache est à cinquante grandes lieues de Léogane ; il faut faire tout ce chemin par terre ; on trouve des maisons pour loger jusques à Nippe, qui est à vingt lieues de Léogane ; mais, de Nippe jusqu'au fond de l'île à Vache, on ne trouve aucun lieu où on puisse mettre la tête bien à couvert. Les voyageurs ont de la peine à faire ce chemin, à cause des grandes difficultés qu'ils y trouvent ; ce pays est couvert de bois, si longs et si épais, qu'on a beaucoup de peine à s'y ouvrir quelque voie ; on y trouve des montagnes d'une hauteur prodigieuse, et des rivières qui grossissent si fort par les pluies, surtout dans les mois de septembre et octobre, qu'on ne saurait alors y passer ; on ne peut point y voyager à cheval, n'y ayant point de chemin ouvert, et trouvant partout des embarras où le meilleur cheval ne pourrait jamais passer, et d'où il ne saurait jamais se tirer ; de sorte que ceux qui veulent aller par terre de Nippe jusqu'à l'île à Vache, sont obligés de faire trente lieues à pied, à travers les bois et mille difficultés.

On ne peut point entreprendre ce voyage sans le secours de bons guides. Les meilleurs et les seuls qu'on peut avoir sont des chasseurs qu'on appelle boucaniers ; ceux-ci savent les routes qu'il faut tenir, là où il semble qu'on n'en peut point trouver, parce qu'ils passent les deux ans entiers dans les bois pour les apprendre. Pendant le séjour qu'ils y font, ils ne mangent autre chose que la chair de cochon et de bœuf, de quelques oiseaux et de certains animaux qu'on appelle lézards, qui sont de la grosseur des plus gros lapins, fort affreux à voir, mais bons à manger. Ce voyage, qui est si difficile à faire par terre, se peut faire aussi par mer ; mais il est alors extrêmement long, parce que le vent est ordinairement contraire. Ceux à qui ce pays n'est pas inconnu, et qui n'ignorent pas que, lorsque j'y ai voyagé, j'étais toujours malade, auront de la peine à croire que j'aie fait ce voyage à pied, et ne manqueront pas de dire en eux-mêmes, pourquoi je ne l'ai pas fait par mer, pour si long qu'il fût à faire de cette manière, puisqu'il était plus facile et plus conforme à mon état. Pour tirer ceux-ci de leur difficulté, je leur dirai la raison qui m'empêcha de voyager par mer.

Je ne pus pas faire ainsi mon voyage,

parce qu'au commencement du mois d'août de l'année 1687, les Espagnols, qui tiennent la moitié de l'île de Saint-Domingue, et qui sont toujours en guerre avec les Français, firent une descente au petit Gonave. Quarante-deux Espagnols se rendirent les maîtres du fort, et les autres furent dans les maisons pour les piller. Leur main se porta au sang, aussi bien qu'au butin ; ils tuèrent M. le procureur général et sa femme, et quelques autres personnes qui avaient voulu faire quelque résistance. Le voisinage fut bientôt averti de ce désordre. Les Français voisins y accoururent, et comme ils ont de bons chevaux, ils se rendirent promptement devant le fort. Ceux qui avaient pillé et massacré se jetèrent dans quelques barques en diligence, avec leur butin. Le fort fut repris, et les quarante-deux Espagnols qui s'en étaient rendus les maîtres, furent pendus le lendemain. Ceux de leur nation, voulant venger leur mort, étaient toujours le long de la côte ; pour éviter leurs actes d'hostilité, il fut défendu à tous ceux qui avaient des barques, de les mettre en mer. J'entrepris alors mon voyage ; de sorte que, ne pouvant point l'entreprendre par mer, je fus contraint de le faire par terre.

Le sieur Pelat, considérant les grandes difficultés de ce voyage, ne put point se résoudre à le faire avec moi. Je partis donc seul de Léogane, le dixième du mois d'août de l'année 1687. Dix jours après, j'arrivai à Nippe, toujours malade, ce qui m'obligea à me loger chez un chirurgien, pour me faire traiter. Je fus chez lui l'espace de trois semaines, pour profiter de ses soins et de ses remèdes. Pelat vint m'y trouver dans ce temps-là, et me dit, dès son arrivée, que, suivant mon conseil, il était venu à Nippe, pour aller dans le fond de l'île à Vache. Quelques jours après, je trouvai une bonne compagnie pour y aller. Mes incommodités m'empêchant encore de marcher, Pelat profita de cette occasion, et me laissa à Nippe.

J'en partis peu de jours après pour me rendre là où il était allé. Je fus accompagné de trois guides, qui menaient beaucoup de chiens et qui étaient bien armés. Cet équipage est nécessaire pour découvrir et pour arrêter les nègres marrons, qui sont cachés dans les bois où il faut passer ; ce sont des esclaves qui se sont sauvés des maisons de leurs maîtres, et qui ne font aucun quartier aux voyageurs quand ils sont plus forts.

Nous fîmes diverses rencontres qui servirent à nous réjouir dans le voyage, dont en voici quelques-unes : nous trouvions des troupes de cochons sauvages de trente et quelquefois de quarante ; nous en prenions tous les jours, et quand nous avions quelque envie d'en manger, nous en faisions cuire, au premier lieu où nous trouvions de l'eau. Nous vîmes passer aussi à nos côtés et devant nous des bandes de bœufs et de chevaux sauvages, sans qu'ils se tournassent jamais pour nous donner aucune atteinte. J'admirai souvent la douceur de tous ces animaux féroces, après avoir senti les effets de la férocité des hommes. Si ces objets adoucissaient un peu les fatigues de mon voyage, j'eus des incommodités qui me les rendirent bien rudes; je souffris de maux qui souvent me firent perdre courage, et m'ôtèrent l'espérance de pouvoir jamais arriver au fond de l'île à Vache, où je devais me rendre. J'eus une grosse fluxion, et une grande inflammation sur une de mes jambes, qui fut la quatrième fois que j'en avais été travaillé dans l'Amérique. Mais quelques peines que je souffrisse, et quelques craintes que j'eusse dans mon voyage, Dieu me soutint toujours et me fit la grâce de parvenir au fond de l'île à Vache, où j'allais.

Ce quartier n'est pas fort habité ni fort commode pour les malades et pour les voyageurs. On a de la peine à y trouver de quoi se refaire d'une longue maladie et d'un long voyage. Il n'y a que quatorze habitants et presque tous sont pauvres ; ils ne peuvent vivre que de leur chasse. L'air y est fort malsain, et on y est fort incommodé par trois sortes d'animaux, qui ne laissent aucun repos, ni jour ni nuit, aux habitants ni aux voyageurs. On appelle les uns des maringoins, que nous appelons en France des moucherons ; on nomme les autres moustiques, qui sont un peu plus petits, et les autres racadors, qui sont les plus piquants et les plus dangereux ; ils percent et déchirent la peau, où ils peuvent porter leur pointe ; ils sont si fort appréhendés que les femmes qui s'occupent à la couture, se mettent dans un pavillon, qui est comme un lit de toile fort claire, pour se mettre à couvert de ces animaux.

Les incommodités qu'on souffre dans cette île font souvent souhaiter aux voyageurs d'en sortir. Mais la peine qu'ils ont de trouver quelque barque pour aller ailleurs, font souvent qu'ils y font un plus long séjour qu'ils ne voudraient. Quelquefois on passe les six mois dans ce lieu sans y voir des barques anglaises, qui sont celles-là seulement dont les gens de notre ordre peuvent recevoir quelque secours. Les Anglais n'y viennent aborder que fort rarement, parce qu'on ne leur permet de venir dans les îles françaises que pour y chercher de l'eau, et que pour y couper et y préparer du bois, ce qu'il faut qu'ils fassent dans les vingt-quatre heures, car c'est tout le temps qu'on leur donne pour y demeurer.

Lorsqu'en ce triste lieu j'étais dans l'attente et dans l'impatience de voir quelque Anglais, heureusement, trois semaines après mon arrivée, une barque anglaise de la Jamaïque y vint mouiller. Elle était commandée par un capitaine hollandais, bon protestant, nommé capitaine Drée, de la ville d'Horn, qui est à cinq lieues d'Amsterdam. Je n'eus pas plus tôt appris qu'il était Hollandais, et qu'il savait parler espagnol, que je fus le voir. Je lui fis bientôt connaître, en langue espagnole, qui j'étais, et le priai en même temps d'avoir pitié de moi, pour me tirer de la dure captivité où j'étais depuis longtemps. Il me répondit qu'il était touché de mon état, qu'il voudrait pouvoir mettre fin à mon esclavage, qu'il ferait tout ce qu'il pourrait pour cela ; mais que, ne retournant point à la Jamaïque, et étant obligé d'aller à Curassol (1), qui est une île qui appartient à Messieurs les Hollandais, à deux cent soixante-dix lieues de l'île à Vache, tout ce qu'il pouvait faire pour moi était de me porter jusque-là. Je lui dis que la charité que je remarquais en lui, et l'offre qu'il venait de me faire, me consolaient beaucoup ; que cela suffisait pour m'obliger à me joindre à lui et le suivre, quand il me porterait au bout du monde ; que je lui aurais une grande

(1) Curaçao ou Curassau, île hollandaise qui s'étend parallèlement à la côte de Venezuela, dans le groupe des îles Sous-le-Vent (Antilles).

obligation s'il avait la bonté de me porter jusqu'à l'île où il devait aller.

Son offre obligeante fut suivie de bons effets. Il voulut bien que le lendemain je me misse dans sa barque. Là j'expérimentai la différence qu'il y a entre les cœurs qui aiment la vérité, et ceux de qui elle n'est point aimée. Ce capitaine me donna d'abord sa chambre, et m'obligea à prendre son lit, me voyant bien malade. Sa charité alla plus loin, car il commanda au garçon qui le servait d'être attaché à moi, de me rendre tous les services qu'il pourrait, de me donner ce que je demanderais. Le voyage fut de trois semaines, et j'avoue que, quand il eût duré plus longtemps, je ne l'eusse point trouvé long. Combien de fois ai-je béni Dieu de m'avoir fait tomber en des mains si différentes de celles de nos persécuteurs et de leurs satellites !

Ce digne capitaine, dont je ne saurais assez louer la bonté et la charité, m'ayant mené heureusement dans l'île de Curassol, je m'y reposai quelque temps, pendant lequel j'appris quelques nouvelles de nos pauvres prisonniers qui étaient sortis du naufrage. On m'assura que M. Guiraud, M. Le Jeune, le sieur Mazauric, Pierre Lorange, Claude Jaran, Jacques Fontane, Pierre Amblard, Jean-Antoine Lafon et les deux Bouissons frères, s'étaient heureusement sauvés de la Martinique, comme aussi la veuve de maître Aloger, et Marguerite Passe, femme de Jalabert. Je me réjouis beaucoup de leur délivrance.

Dieu m'a conduit, Monsieur, dans un port qui m'en fait attendre un autre; j'y trouve plusieurs de nos frères hollandais, qui ont à cœur notre religion, et qui me témoignent beaucoup de charité. Je n'y ai pas plus tôt trouvé l'occasion de vous écrire que je m'en sers, pour vous réjouir par la pensée de ma délivrance. Aidez-moi, Monsieur, par vos prières, à la trouver; priez Dieu, dont la bonté a accoutumé d'achever ce qu'elle a une fois commencé, qu'il avance et qu'il achève la bonne œuvre qu'il a commencée en moi. Il n'aura pas plus tôt opéré celle de ma délivrance que je vous en donnerai la nouvelle. Je vais cependant travailler dans cette île à une affaire très importante, du sujet de laquelle dépend le calme de ma conscience. Vous saurez ce qu'elle est, lorsque je pourrai vous faire savoir comme Dieu m'a délivré.

Fin de la troisième Relation.

QUATRIÈME RELATION

DU SIEUR SERRES SUR LE SUJET DE SA DÉLIVRANCE.

A un de ses amis.

Ma dernière relation vous apprit, Monsieur, que j'étais à Curassol, et que j'attendais dans ce port le moyen d'aller dans un autre, qui me promettait beaucoup de repos et de sûreté. Je vous disais en même temps qu'avant que de quitter le port d'où je vous écrivis, je voulais travailler à une affaire très importante, de laquelle dépendait la paix de ma conscience, et que je vous ferais savoir ce qu'elle est, lorsque je pourrais vous parler de ma délivrance. Maintenant que Dieu l'a opérée, et que j'en goûte toutes les douceurs, je veux m'acquitter de ce que je vous ai promis lorsque je la désirais et que je l'attendais.

L'affaire importante à laquelle je devais m'occuper à Curassol, était celle d'y réparer la grande faute que j'avais commise au fort Saint-Pierre, lorsque, dans le cachot où on m'avait mis, et au milieu des tourments qu'on m'y faisait souffrir, je me laissai ravir un seing contre ma religion. La chair avait beau excuser cette faute par les troubles où j'étais lorsqu'on me la fit commettre, je sentais toujours en ma conscience que cette faute était grande, et qu'elle ne pouvait être expiée que par une grande et longue repentance. Elle était d'autant plus grave, que je la commis après avoir beaucoup souffert, et lorsque j'étais résolu de tout souffrir pour ne m'en rendre jamais coupable. Avant que la tentation vînt me chercher, pour tâcher de m'ébranler dans les prisons, je promis à Dieu que je serais fidèle à sa vérité, quoi que le mensonge pût faire contre moi. Et me souvenant, dans le fort de la persécution, que nos frères avaient soutenu les plus cruels assauts, et qu'ils avaient répandu tout leur sang pour défendre notre religion, et pour en laisser la pureté à leurs enfants, j'avais résolu, pour la garder, de perdre, non seulement mes biens et mon repos, mais aussi ma vie. Ayant oublié dans la peine mes résolutions et mes engagements à souffrir la peine la plus cruelle, pour ne commettre jamais aucun acte d'infidélité contre ma religion, ma conscience me reprochait toujours mon oubli ; le reproche continuel qu'elle me faisait de ma faiblesse et de ma lâcheté fit que je ne pensai qu'à réparer ma faute, aussitôt que j'en trouverais l'occasion.

Curassol me paraissant un lieu favorable pour cela, je fus trouver le pasteur qui est là établi, pour prêcher aux colonies hollandaises. Je lui confessai ma faute ; je l'entretins de la douleur continuelle qu'elle me causait ; je lui dis que mon désir était de la réparer publiquement, sans aucun délai, pour recouvrer la paix qu'elle m'avait ravie et pour édifier l'Eglise, qu'une telle faute ne pouvait que scandaliser beaucoup, lorsqu'elle viendrait à la connaître. Ce pasteur me témoigna qu'il eût voulu de bon cœur m'accorder ce que je souhaitais, qui est de m'admettre à la paix de l'Eglise, après la confession et la repentance publique de ma faute, mais qu'il ne pouvait pas le le faire, parce qu'il n'entendait pas le français, et que je n'entendais pas le flamand. Il ajouta que, comme il était important de réparer bien ma faute pour l'édification de l'Eglise, et pour la paix de mon âme, il me conseillait d'aller à Saint-Thomas, qui est une île danoise, où je trouverais un ministre français, pasteur de la compagnie de Son Altesse sérénissime de Brandebourg, entre les mains duquel je pouvais faire ma réparation.

Je suivis cet avis, mais je ne l'exécutai que quelque temps après qu'il m'eût été donné, car je fus obligé de faire quelque séjour dans l'île de Curassol, par le besoin que j'avais de rétablir ma santé, et de recouvrer quelques forces. J'y fus fort consolé par les effets de la charité de plusieurs, je reçus plusieurs bienfaits de diverses personnes, mais particulièrement de M. Douères, qui est un des principaux de l'île ; des sieurs Théophile et du Robin, chirurgiens, et du sieur Jancly, Anglais, chez lequel je logeai : ces quatre messieurs sont protestants et entendent la langue française ; ils me témoignèrent toujours qu'ils prenaient beaucoup de part à tous mes malheurs. Je ne nomme pas les autres bienfaiteurs français protestants que je trouvai dans cette île, pour ne me souvenir pas de leurs noms. Il me souvient seulement qu'un nommé Bonnevide, de Savoie, qui est hôte dans l'île et papiste de profession, fut fort honnête envers moi ; il se plut à me témoigner sa charité en plusieurs rencontres, et, parce que son humeur obligeante et son inclination à faire du bien, sont des choses assez rares en ceux de sa religion, et que je venais de trouver et d'expérimenter en eux des humeurs et des inclinations bien contraires, — son nom est fort imprimé dans ma mémoire. Je n'ai pas oublié aussi les faveurs que j'ai reçues des juifs dans cette île : ils ne voulaient jamais prendre mon argent, lorsque j'allais acheter quelque chose dans leurs boutiques, quoi que je pusse faire pour les y obliger.

Ce port me paraissait bien doux, après avoir essuyé tant d'orages et tant de tempêtes ; il semblait que bien des choses voulaient que je fixasse là mon séjour : j'y étais malade, fort languissant, extrêmement fatigué de mes grands voyages ; j'y recevais les remèdes et les soins qui m'étaient nécessaires ; j'y trouvais même le moyen d'y gagner honnêtement mon pain. Mais quoique je fusse serré par tous ces liens, et qu'ils parussent assez forts pour me retenir dans cette île, ma conscience ne me permit point d'y faire mon séjour. Elle me sollicitait tous les jours à aller réparer ailleurs ma faute, et à m'approcher autant que je le pourrais de ma pauvre famille, que je croyais toujours en France, exposée à la persécution, et en danger d'y périr. Les efforts de ma conscience me firent sortir de Curassol, après que j'y eus demeuré quatorze jours ; j'y trouvai une bonne commodité pour cela. Comme je cherchais quelque occasion pour mon départ, on m'avertit qu'un navire hollandais en devait bientôt partir. Je fus voir le capitaine, qui est de la ville d'Amsterdam, et originaire de la Hollande, nommé Speldrenien, très bon protestant. Il parlait bon espagnol et me connaissait déjà. Je le priai en langue espagnole de me donner une place dans son vaisseau pour me porter en Hollande. Il me dit qu'il n'avait rien à me refuser, mais qu'il m'avertissait que son voyage serait de six mois, devant aller à Saint-Thomas et à Saint-Eustache pour charger son navire, et qu'il importait, si je voulais faire toute cette course, que je demandasse la grâce que je lui demandais, à ses bourgeois, l'un desquels était M. Douères, et l'autre M. Penou. Cette grâce me fut facilement accordée par ces messieurs, à qui je la demandai.

Je partis de cette île sur le navire dont je viens de parler appelé le *Lion d'or*. Je fus obligé d'y garder longtemps la place que le capitaine m'y avait donnée, car son voyage fut long. Mais quelle que fût sa durée, je ne m'en ressentis point pour en souffrir aucune incommodité. Les bontés qu'avait pour moi le capitaine, et les honnêtetés qu'il exerçait tous les jours en mon endroit, firent que ce long voyage ne servit qu'à rétablir parfaitement ma santé.

Nous arrivâmes heureusement à Saint-Thomas. Nous n'eûmes pas plus tôt jeté l'ancre que je fus voir M. Marsal, ministre français, auquel le pasteur de Curassol m'avait adressé. M. Marsal est natif de

France et de la ville de Metz ; il a des dons et des qualités qui le distinguent, dans la société chrétienne en général et dans le ministère en particulier ; sa piété et sa charité me firent remarquer en lui un mérite distingué. Il me reçut fort humainement et, ayant sondé et touché vivement mon cœur sur mon péché, après m'avoir demandé si *j'avais fréquenté quelque exercice de la religion romaine, depuis que j'avais commis mon crime ; ayant appris de ma bouche, comme la vérité est, que je n'étais entré dans aucun temple, et que je n'avais fréquenté aucun exercice des papistes, mais que je m'en étais éloigné, pour réparer ma faute, autant qu'il m'était possible*, il m'en fit faire réparation en public un jour de dimanche d'une manière fort édifiante.

Je passai trois semaines dans cette île, et y reçus toujours un bon accueil et de très bons offices de ce pasteur. Il les confirma jusques à l'heure de mon départ, car, ayant été lui dire adieu, et recevoir sa bénédiction, après m'avoir parlé d'une manière touchante et propre à conserver dans une conscience la tranquillité qu'il y avait mise, il m'offrit sa bourse, et me pressa à prendre de là ce qui m'était nécessaire. Je le remerciai de cet acte de charité, en l'assurant que l'argent que j'avais sauvé du naufrage n'avait pas encore fini, et en le priant de garder celui qu'il m'offrait pour d'autres pauvres exilés qui en auraient plus de besoin que moi. Toute ma résistance ne fit qu'enflammer sa charité; il me dit que je pouvais prendre ce qu'il m'offrait, sans craindre que cela fît aucun préjudice aux autres affligés qui auraient recours à lui. Mais quelques instances qu'il fît pour m'y engager, je refusai toujours son offre si obligeante. Il se tourna d'un autre côté pour me faire du bien; n'ayant pu m'obliger à prendre de l'argent, il me fit d'autres présents, qu'il m'obligea à prendre; il m'honora aussi de lettres de recommandation pour MM. les commis de la compagnie de Brandebourg, qui sont à Saint-Eustache.

Etant arrivé à Saint-Eustache, MM. les commis de la compagnie, auxquels M. Marsal me recommandait, me firent loger chez eux, et me firent toutes les honnêtetés que je pouvais souhaiter. Celles de M. Cabibel sont fort imprimées dans mon cœur ; c'est un Français, marchand de Mazamet dans la province du haut Languedoc; c'est un des prisonniers envoyés de France dans l'Amérique, à cause de leur constance en religion. Il se sauva avec plusieurs autres de l'île Saint-Martin, et Dieu l'ayant conduit jusques à Saint-Eustache, il lui fit trouver là un emploi digne de lui. L'usage qu'il en fait me persuade que Dieu lui en prépare encore d'autres. Il est très charitable et très officieux ; j'en ai fait diverses expériences. Il est approuvé de tout le monde : c'est ce que j'ai reconnu pendant le séjour que j'ai fait à Saint-Eustache, où j'ai demeuré environ trois mois.

Dans cet espace de temps, j'ai appris que cinq navires de France étaient arrivés à la Martinique, chargés des gens de notre religion. Les deux qui sont venus les derniers ont été envoyés à Saint-Domingue. Chacun de ces navires portait environ cent prisonniers.

J'ai été extrêmement affligé lorsque j'ai su que j'avais tant de compagnons de mon sort et de mes malheurs. Mais ce qui m'a un peu consolé dans la suite, est d'apprendre que mes pauvres frères qu'on a portés dans l'Amérique depuis le naufrage de notre vaisseau, y avaient eu un traitement moins rude que celui que nous y avions reçu. Lorsque j'ai voulu m'informer de ce changement, on a voulu me faire croire que cette inégalité de traitement venait de ce que, dans le temps de notre naufrage, on avait perdu les ordres qu'on portait pour nous dans l'Amérique ; cela voudrait dire que les ordres n'étaient pas si cruels que l'ont été les actes de ceux qui devaient les exécuter. Mais j'ai de la peine à me persuader que les instruments de la cruauté de la France soient allés au-delà de la cause qui les a fait mouvoir et qui les fait agir.

S'ils n'ont pas traité si cruellement dans l'Amérique, nos pauvres frères qui y sont arrivés après nous, cela peut venir de quelque changement de politique dans leur cause et dans les ordres qu'elle leur donne. La plus grande cruauté que ces instruments aient exercée est celle de séparer le père de l'enfant, la mère de la fille et le frère de la sœur, et de les disperser dans les îles françaises les plus éloignées les unes des autres. C'est ce qu'on a fait à l'égard des prisonniers des trois navires qui sont venus à l'Amérique après le nôtre. Aussitôt qu'ils furent arrivés à la Martinique, on les sépara et on les dispersa de la façon que je viens de dire. En voici deux exemples qui ont fait une forte impression en moi, et dont je ne saurais m'empêcher de vous faire part; c'est l'exemple d'un père et celui d'un fils. Le premier est M. de Gasques, gentilhomme des Cévennes, et l'autre est M. de Serres, son fils, jeune homme n'étant âgé que de quinze ou seize ans. Je les connaissais tous deux pour avoir été prisonnier avec eux à Marseille. Le père fut envoyé à Marie-Galante, et le fils à Sainte-Croix. Avant mon départ de Saint-Eustache, j'appris qu'on avait porté la nouvelle à M. de Gasques de la mort de son fils, et que cette nouvelle avait si fort affligé ce pauvre père, qu'il mourut deux jours après l'avoir reçue.

Ceux qui me l'apprirent à Saint-Eustache, me dirent que du second, du troisième et du quatrième navire qu'on avait chargés en France de nos confesseurs pour les porter dans l'Amérique, il en est mort plusieurs dans le voyage, et beaucoup plus encore dans les îles, à cause de l'air qui est malsain, et de la nourriture qui n'y est pas bonne. On m'assura de plus que la plupart de ces dignes confesseurs ont beaucoup de peine à gagner là leur vie et y pouvoir subsister, surtout ceux qui ne sont pas accoutumés à travailler à la terre, parce qu'il n'y a dans l'Amérique aucun autre travail à faire ; mais que, pour leur conscience, elle y est entièrement libre, n'étant point pressés pour changer de religion.

Ce ne sont pas les seules nouvelles que j'ai apprises à Saint-Eustache pendant le séjour que j'y fis. Il y vint 32 matelots qui s'étaient sauvés de deux îles françaises, de la Guadeloupe et de Saint-Christophe ; tous sont des environs de La Rochelle. Nous en vîmes arriver seize d'un seul équipage ; sept d'entr'eux se mirent dans notre navire et voulurent faire le voyage en Hollande avec moi, qui avais résolu de le faire, et qui le fis avec une femme de Nîmes nommée Jalaberte, dont j'ai parlé dans mes autres relations, et avec un homme nommé Paloc, de Saint-Jean de Blattières, proche Clermont de Lodève, qui avait été envoyé en esclavage dans l'Amérique par le troisième vaisseau qui y a porté ceux de notre ordre, et qui s'est sauvé de l'île de Saint-Martin où il avait été mis.

Nous partîmes tous ensemble de Saint-Eustache le 17 avril. Le capitaine du navire fut bon et charitable envers tous ; il n'y eut aucun de nous qui ne se ressentît de sa bonté et de sa charité ; mais je puis dire qu'il les continua envers moi d'une façon toute particulière ; il me fit toujours coucher dans sa chambre et manger à sa table, et ne voulut jamais prendre aucun argent de moi ni des autres personnes qui étaient dans son navire pour le même sujet pour lequel j'y étais, de sorte qu'il nous a donné à tous le passage et la nourriture. Son nom mérite si fort d'être connu et d'être conservé dans le souvenir, que, quoique je l'ai déjà nommé une fois, je ne saurais m'empêcher de le nommer encore; c'est le capitaine Speldrenien, d'Amsterdam, instruit dans notre religion, l'aimant et la pratiquant.

Je n'ai jamais rien vu en lui qui ne fût bon, honnête, généreux, et qui ne portât les marques d'un bon chrétien et d'un très bon réformé.

Je lui ai l'obligation de m'avoir mené à un port après lequel je soupirais depuis longtemps ; c'est la Hollande, et c'est Amsterdam qui en est la capitale. C'est ici où ma délivrance m'a conduit, où, par la grâce de Dieu, mon vrai libérateur, je me vois délivré des mains de mes persécuteurs et de tous les efforts de la persécution. C'est un port où je goûte autant de biens que j'ai souffert ailleurs de maux : le plus dur esclavage s'y change en une heureuse liberté. Que les privilèges que les vrais chrétiens y possèdent sont grands ! Qu'on y savoure des douceurs ! Que la conscience y est en repos ! Que le cœur y est content ! Que ceux qui ont passé par les chaînes de la persécution, par ses prisons, par ses gouffres, par ses écueils et à travers les grands dangers où elle expose ceux qu'elle poursuit, se trouvent heureux de se voir dans cet asile ! Combien de fois ai-je souhaité, depuis le peu de temps que j'y suis, que tous ceux qui passent par mes disgrâces pussent arriver à un port si heureux !

J'y cherche, depuis que j'y suis, les compagnons de mes chaînes, et les pièces qui se sont sauvées de notre naufrage. Mais le nombre en est petit. J'ai beau chercher ceux qui ont persévéré dans mes liens, de trente-neuf qui ont été fidèles à Dieu dans les prisons d'Aigues-Mortes, desquels je comprends les trois qui se sauvèrent des prisons de la Tour de la Reine, environ le mois d'octobre de l'année 1687, l'un desquels fut pendu, comme j'ai dit dans ma première relation, il en est mort trente et un de maladie, et un autre s'est noyé dans notre naufrage ; de sorte que je ne puis trouver que six personnes en vie de toute notre troupe. M. de Lerpinière, de Saumur, qui est de ce nombre, est encore dans l'esclavage à

Saint-Domingue ; le sieur Mazauric, d'Alais, qui en est aussi, et qui s'est sauvé de la Martinique, est à la Nouvelle-Angleterre ; et je viens d'apprendre que le sieur Nissolles, qui était un des trois qui se sauvèrent de la Tour de la Reine, et qui se rompit les jambes en descendant de la tour, comme je l'ai remarqué dans ma première relation, est heureusement arrivé à Baret, en Allemagne, et qu'il doit venir en cette ville avec ses deux fils, l'un desquels a été tiré des galères, où il a demeuré longtemps pour la cause de Dieu. C'est le petit reste que je trouve de tous nos prisonniers d'Aigues-Mortes.

Le nombre que j'ai trouvé de nos confesseurs qui se sont sauvés du naufrage est aussi petit. Voici ceux que j'ai pu découvrir en Hollande : M. Guiraud est un confesseur qui a signalé son courage dans les prisons pour les intérêts de Dieu, aussi bien que dans les armées pour les intérêts du roi. Dieu a enfin couronné sa constance d'une heureuse délivrance, et l'a conduit jusqu'à La Haye, où il est maintenant. Le sieur Isauchon, chirurgien, qui est dans Amsterdam ; maître Lorange, qui est passé par cette ville, et qui est allé en Suisse, deux frères nommés Bousson et Marguerite Passe, qui fait son séjour dans cette ville, et le sieur Le Jeune, qui est de nos prisonniers d'Aigues-Mortes, duquel je suis obligé de parler un peu au long, à cause des grandes marques qu'il a données de sa patience et de sa constance en religion.

Il est de Villeneuve de Berg, en Vivarais. Nos ennemis, le voulant distinguer des autres, parce qu'il se distinguait de plusieurs par son zèle, lorsque les troupes du roi furent dans son lieu pour obliger nos réformés à changer de religion, on mit dans sa maison soixante-quatre hommes du régiment de Castres, savoir : soixante soldats et quatre sergents ; tous se signalèrent chez lui par les effets de leur rage. Avant qu'ils fussent dans sa maison, il se prépara à leur faire bonne part de ses biens. Aussitôt qu'ils y furent, il sacrifia à leurs passions ses moutons et sa volaille. Tout cela ne pouvant point arrêter leur furie, ils ne lui eurent pas plus tôt demandé des perdrix qu'il leur promit de faire tout son possible pour en avoir, et qu'il pria les sergents de lui donner quelques soldats pour être témoins des soins qu'il prendrait pour cela. Ces témoins lui ayant été donnés, il fut d'abord en mouvement et en action pour chercher ce qu'ils demandaient; mais quelque soin qu'il prît, et quoi qu'il offrît, il lui fut impossible de le trouver. Les soldats qui l'accompagnaient ayant pris de là occasion de le maltraiter, après l'avoir diverses fois et en plusieurs manières insulté dans les rues, ils poussèrent si loin leur cruauté que, l'ayant mené près d'un puits qui est dans la place de la ville, ils lui dirent qu'ils le jetteraient dedans s'il ne leur promettait de se faire catholique. Il leur répondit qu'ils pouvaient faire de lui tout ce qu'il leur plairait, qu'il était entre leurs mains pour souffrir tout ce qu'ils voudraient, mais qu'ils devaient être assurés que, quoi qu'ils lui pussent faire, il n'abandonnerait jamais sa religion.

Ces soldats furieux, animés par la rage de ceux qui les faisaient agir, aussi bien que par leur propre passion, voyant sa résistance, furent chercher des cordes, l'attachèrent par le milieu du corps et le descendirent dans le puits où, le plongeant dans l'eau, ils ne l'en tiraient de temps en temps que pour lui dire qu'ils le laisseraient noyer s'il ne se faisait catholique. Ils n'avaient pas plus tôt trouvé en sa foi la fermeté qu'ils lui voulaient ôter, qu'ils le replongeaient dans l'eau jusqu'à ce que sa foi leur ayant paru inébranlable à ces efforts, ils le tirèrent du puits et le transportèrent dans sa maison, où ils firent éclater contre lui la rage des plus cruels bourreaux. Ils le tinrent longtemps suspendu à ses fenêtres, attaché sous les bras, l'exposant ainsi à la risée et à la moquerie des passants ; les soldats qu'il avait en garnison chez lui le chargeant souvent d'injures, le couvrant de crachats et le souffletant chacun à son tour.

Ces cruautés n'ayant point pu vaincre sa constance, on en vint à des coups plus barbares ; on l'ôta des fenêtres, on le mit tout nu dans une chambre de sa maison, lui disant qu'il avait quelque caractère sur lui ; on le chercha dans ses habits et sur son corps, et n'ayant jamais pu trouver ce qu'ils cherchaient et qu'ils croyaient de voir, on le couvrit de sa chemise, et on le revêtit de ses habits, et ce fut pour lui faire tourner la broche près d'un grand feu, où on le faisait à tous moments brûler.

Tout cela n'épuisa pas encore la furie de ces soldats, car, voyant que ce feu, près duquel ils le faisaient brûler, laissait toutes les flammes à sa piété, ils lui ôtèrent les souliers et les bas, et avec de la graisse toute bouillante on lui brûla toute une jambe, de telle sorte qu'on crut pendant longtemps qu'il faudrait la lui couper, et c'est ce que j'appréhendais du temps que j'étais avec lui dans la citadelle de Montpellier.

Tous cés maux ne furent point capables de faire aucune brèche à sa conscience ; il les souffrait tous patiemment, aussi bien que le ravissement de ses biens, car il les vit tous vendre aux enchères. On le dépouilla si fort de ce qu'il avait que, dans peu de temps, lui qui vivait à son aise, se vit réduit sur un peu de paille, où on le laissa quelques jours. M. l'évêque de Viviers le fit visiter, et plusieurs prêtres le vinrent voir dans cet état si lamentable, mais leur œil fut aussi dur que le cœur de ceux qui l'y avaient mis ; ils n'en furent point touchés, ils ne firent que rouvrir ses plaies et qu'aggraver ses peines, en faisant de nouveaux efforts pour l'obliger à changer de religion, et le menaçant cruellement, s'il ne se laissait fléchir à leurs fortes instances. Tout ce qu'ils firent pour le vaincre fut inutile, Dieu lui fit la grâce de résister à toutes ces tentations, ce qui obligea ses persécuteurs à le faire conduire à la citadelle de Montpellier, par quatre dragons, pour faire là les derniers efforts. Mais son cœur, soutenu toujours par la vertu de Dieu, fut toujours invincible. Il a porté sa constance jusque dans l'Amérique, d'où il est enfin sorti, Dieu l'ayant conduit comme par la main dans cet heureux pays, pour s'y délasser de ses longues fatigues et pour y adoucir et y guérir ses plaies. Il est maintenant à Groningue, où il glorifie Dieu en paix, de sa persévérance, de ses victoires et de sa délivrance (1).

N'avouerez-vous pas, Monsieur, après cet exemple, et après tant d'autres que nous avons vus en France, de la barbarie

---

(1) Tout ce récit est confirmé par Jurieu. Voir appendice VII.

de nos persécuteurs, qu'on est heureux d'en être dehors, et qu'on ne saurait jamais assez bénir Dieu de se voir dans le port où je vis. J'y trouve une grande foule de nos réfugiés ; cette grande ville en est pleine, et il n'y a point de ville dans la Hollande, ni dans les sept provinces unies où on n'en voie plusieurs. J'admire leur nombre, la diversité de leurs ordres, de leurs âges et de leurs conditions. C'est là où je remarque, avec beaucoup de joie, que nous avions en France des cœurs ardents pour Dieu et fidèles à sa vérité, plus qu'on ne pensait et qu'on n'en attendait. J'en vois à l'épreuve de toutes les tentations du monde ; je comprends parmi ceux-ci ces dignes confesseurs dont la patience a lassé la violence de nos persécuteurs, et à qui la constance vient d'ouvrir les prisons et toutes les portes de notre malheureux royaume, et d'obtenir des passeports pour venir en sûreté dans ces provinces, et aller en toute liberté dans d'autres

Etats. J'admire le nombre de ces bons confesseurs et la piété de tous ceux qui, avec eux, ont tout abandonné pour Dieu.

Je finis ma relation en vous assurant qu'après avoir été vingt mois en prison, et avoir passé par tant de périls et par tant de malheurs, je ne puis assez bénir Dieu de m'avoir conduit à Amsterdam, où je suis arrivé le 7 du mois de juin de l'année 1688, et où, tout consolé et tout content, j'espère de trouver le moyen de passer le reste de mes jours en paix. Qu'il me tarde, mon cher Monsieur, de vous voir et de vous embrasser, dans un lieu où la conscience est si libre et le salut si assuré !

FIN.

APPENDICE

I (page 28).

LE SIEUR HOURTET DE SUMÈNE

(Extrait du récit manuscrit de Jean Nissole.)

Ce fut le 20e de juin de 1686 que nous partîmes des prisons de Nîmes, après soleil couché. Nous fûmes accompagnés des vœux d'un grand nombre de personnes de la ville, qui, les yeux mouillés de larmes, nous souhaitaient mille bénédictions. Le sieur Hourtet et quelques autres étaient fort malades ; nous priâmes nos juges de ne les pas faire partir qu'ils ne fussent remis, mais nous les trouvâmes inexorables. Je priai aussi un archer, nommé Colon, de ne nous pas faire marcher trop vite, à cause de la faiblesse de nos malades ; il me répondit que, s'ils ne pouvaient pas aller, ils les attacheraient à la queue de leurs chevaux. Nous fûmes obligés de les défrayer, et de payer leur voyage largement, afin qu'ils eussent un peu d'égard à notre faiblesse et qu'ils ne nous maltraitassent pas en chemin.

Nous arrivâmes le lendemain, à dix heures du matin, à Aigues-Mortes. On nous fit reposer quelques heures dans le logis de l'Empereur. Après dîner, le lieutenant du roi, le major et quelques officiers de la garnison vinrent au logis. Le premier nous demanda si nous ne voulions pas nous rendre, ce furent ses termes, et faire comme les autres. Nous lui répondîmes que nous ne pouvions pas changer de religion contre les mouvements et contre les lumières de notre conscience. Il nous répliqua que nous étions bien entêtés, et que, puisqu'il nous voyait si endurcis, il fallait nous résoudre à beaucoup souffrir et à être exposés jusqu'au cou dans une eau froide et puante. Ces menaces intimidèrent un de nos frères du Vivarais, nommé Vidal, qui avait déjà fait abjuration, et qui promit alors de se confesser. On lui promit aussi de l'élargir, mais on ne lui tint pas parole. M. Mathieu répondit pour tous, et dit que, quand nous étions partis de Nîmes, nous nous étions résolus à tout ce qui pourrait nous arriver, que si ce qu'il nous disait était vrai, nous serions bientôt délivrés de tous nos maux, mais que si nous souffrions avec Christ, nous espérions aussi de régner avec lui dans le ciel.

Il commanda en même temps qu'on nous séparât. On conduisit M. Mathieu, M. Dandé et les deux proposants à la Tour de Constance, et nous quatre, avec Vidal et un autre prisonnier, nommé Jourbie, à la Tour de la Reine. Nous trouvâmes dans cette tour cinq autres prisonniers pour la religion. Nous fûmes surpris de ce qu'on ne nous mettait pas jusqu'au col dans cette eau corrompue et bourbeuse dont on nous avait menacés; mais nos frères nous assurèrent qu'on ne nous avait fait toutes ces menaces que pour tâcher de nous ébranler. Quoi qu'il en eût été, nous étions résolus à tout souffrir, et nous sentions bien que Dieu nous ferait la grâce de lui être fidèles, à quelques tourments qu'on voulût nous exposer. Le seul nommé Vidal témoigna de la crainte et promit de se confesser; mais notre résolution le raffermit; il protesta hautement qu'il ne se confesserait jamais, et qu'il souffrirait plutôt la mort. On demeura quelques jours sans nous rien donner, du moins à quatre que nous étions. Les autres prisonniers nous firent part de leur pain pendant ce temps-là, surtout un nommé M. Serre, bourgeois de Montpellier (1). Il

(1) Il s'agit ici du sieur Serres, l'auteur de nos *Quatre relations*

fallut même user d'artifice. Il y avait quatre portes à passer d'eux à nous ; au milieu il y avait un petit appartement où était un de nos frères prisonnier. Il fallait donc que ceux qui nous faisaient ainsi part de leur nécessaire, l'attachassent avec du fil au bout d'un roseau et le fissent passer sous ces quatre portes. Cependant le roseau était court, et sans le prisonnier qui, par une providence particulière, se trouva heureusement au milieu pour prendre le pain et pour nous le donner, nous serions peut-être morts de faim dans cette prison.

Deux jours après, M. Hourtet rendit son âme à Dieu : il tomba en délire quelque peu de temps auparavant. Cependant, malgré la frénésie, il ne dit jamais un mot qui nous scandalisât. Dieu lui fit la grâce d'avoir sur sa fin le jugement un peu libre. Il témoigna regretter beaucoup sa femme et ses enfants, et les nomma nom par nom. Comme il était à l'extrémité, je lui demandai s'il ne voulait pas que nous priassions Dieu pour lui ; il répondit qu'oui, avec assez de force. Je n'eus pas plus tôt commencé la prière, qu'il m'interrompit pour chanter le psaume LIe qu'il commença d'une voix assez haute, mais au deuxième verset les forces lui manquèrent ; je m'approchai et j'eus la consolation de voir mourir ce bon serviteur de Dieu assez tranquillement, environ les quatre heures du matin, après avoir fait de grands efforts pendant toute la nuit. Pendant sa maladie, nous ne pûmes l'assister d'aucun remède ; nous priâmes instamment le concierge et quelques soldats de faire venir le médecin et l'apothicaire. Ils nous le promirent fort brusquement ; aussi ne nous tinrent-ils pas parole. La dernière nuit de sa maladie, nous fûmes même obligés de nous servir de paille pour éclairer l'agonisant, de peur qu'il ne mourût sans que nous le vissions.

Quelques heures après que ce fidèle confesseur eut rendu l'esprit, le concierge entra et nous demanda fort rudement s'il n'y avait personne de mort. Nous lui répondîmes : « En voilà un duquel vous répondrez devant Dieu. » Il nous repartit avec colère : « Vous devriez être tous crevés, vous en verrez bien d'autres. Que ne faites-vous votre devoir ? » Nous nous contentâmes de lui dire que nous ferions ce qu'il plairait à Dieu, mais non point du tout ce que le monde voulait exiger de nous. Il nous demanda la dépouille du mort, que nous lui donnâmes, avec laquelle il s'enfuit sans vouloir plus nous dire un mot.

(*Bulletin de l'hist. du prot. franç.*, t. XI, p. 39-41.)

II (page 21).

ÉVASION DE JEAN NISSOLE ET DE SES COMPAGNONS.

(Extrait du récit manuscrit de Jean Nissole.)

... Le pauvre Capitaine (1), voyant qu'on s'en prenait toujours à lui, cela le confirma toujours plus dans le dessein qu'il avait de mettre tout en usage pour rompre sa prison. Nous fîmes tout ce que nous pûmes pour le dissuader de cette entreprise. Nous lui représentâmes toutes les difficultés. Nous lui dîmes qu'il fallait avoir patience, que Dieu nous appelait à souffrir, et que quand le temps de

(1) Ce nom est probablement un sobriquet. Le nom de cet individu était, d'après Serres, Salendres, et il était originaire de La Salle. (Voy. plus haut, p. 20.)

notre délivrance serait venu, il ne manquerait pas de moyens de nous mettre en liberté. Nous fîmes tant que nous le détournâmes d'exécuter son dessein pendant deux mois. Mais enfin il s'impatienta, et s'étant aperçu un jour qu'on nous apporta du bois qu'il était lié avec une bonne corde, et qu'il y avait des branches de mûrier de la grosseur du bras, il s'avisa d'attacher la corde à deux gros clous qui tenaient la serrure de la première porte qu'il fallait forcer, car vous remarquerez qu'il y en avait quatre à passer. Il entortilla de cette corde une branche de mûrier, et se mettant dessous en haussant avec la tête de toute sa force, il eut le bonheur d'enlever peu à peu et sans bruit cette première serrure. Cet heureux succès l'encouragea extrêmement et lui fit espérer qu'avec l'aide de Dieu il viendrait aisément à bout des trois autres. Cela ne manqua pas d'arriver. Après avoir ouvert deux portes, il remarqua un endroit propre à faire ouverture sans que la sentinelle pût l'entendre. Il vit là un petit trou ; il s'aperçut qu'il avait été plus grand et qu'on avait bâti là de nouveau. Enfin, il fit si bien, avec un fer dont on se servait auprès du feu, qu'il ôta deux grandes pierres de taille, lesquelles firent une ouverture à pouvoir passer facilement. Il courut d'abord transporté de joie, à la chambre de M. Serre, de Montpellier (1), lui demander s'il avait envie de se sauver, et lui dire de quelle manière il avait disposé les choses pour cela. Nous nous rendîmes dans cet endroit, et nous préparâmes tous à descendre, à la réserve d'un nommé M. Paris (2), des Vallées-de-Valons, auquel une maladie et une grande faiblesse ne permirent pas d'oser entreprendre un pareil dessein. Nous joignîmes

---

(1) Il s'agit encore ici d'Etienne Serres, le héros de ce livre.

(2) Le même que Serres appelle (p. 19) M. du Rocher, seigneur de Paris, en Vivarais, ou simplement M. de Paris.

ensemble une paillasse et deux draps qui suffirent pour aller jusqu'à terre. Nous attachâmes le bout à un banc qui appuyait contre les deux côtés de la muraille, en sorte qu'il n'y avait aucun risque que cela manquât.

Après que chacun eut fait son paquet, et que nous eûmes prié Dieu tous ensemble qu'il bénit notre entreprise, ce prisonnier du Vivarais, nommé Vidal, descendit le premier; je le suivis, malgré ma grande faiblesse et une fièvre d'accès que j'avais encore; sans examiner le danger auquel je m'exposais, j'attachai mon manteau à mon col et le jetai derrière le dos. Sa pesanteur seule suffisait pour me faire tomber. Dans cet équipage, je commençai à me laisser aller en bas; j'entendis ces pauvres gens qui me donnaient mille bénédictions, et qui me parurent tous effrayés du péril auquel ils me voyaient exposé. Je n'eus pas descendu environ une toise que les forces me manquèrent, si bien que je tombai de cinq ou six toises de haut. Si j'avais eu la précaution d'enjamber le drap, peut-être ne serais-je pas tombé ; mais Dieu ne le voulut pas ainsi, pour ne me pas laisser sans exercice. Capitaine, croyant que je m'étais tué, descendit fort promptement et fut presque aussitôt à terre que moi. Il me trouva évanoui ; il me donna de l'eau-de-vie qu'il se trouva heureusement et me fit un peu revenir; cependant j'étais tout brisé et ne pouvais du tout point me soutenir. Les deux autres, qui restaient en haut, effrayés de ma chute, ne voulurent pas se hasarder à descendre. Capitaine me chargea d'abord après sur son dos, aidé par Vidal, et me porta avec le moindre bruit qu'il put à deux ou trois cents pas de là. Ce fut pourtant une espèce de miracle de ce que la sentinelle, qui n'était pas fort éloignée, ne nous entendit pas. Il s'en alla chez quelques personnes du voisinage qu'il connaissait me chercher quelque voiture pour me porter à deux ou trois lieues de là, mais on lui en refusa absolument ; on le querella même et, en lui disant s'il voulait leur mettre la corde au cou, on le menaça de le découvrir s'il ne se retirait au plus vite. Ce bon et charitable personnage s'en revenait donc tout triste et fort embarrassé, ne sachant comme me tirer d'affaires, mais le bon Dieu y pourvut d'une manière qu'on peut regarder comme un effet tout particulier et tout extraordinaire de son secours et de sa protection.

Sitôt qu'il eût passé le pont qui est près de la porte de la ville, comme il faisait fort obscur et qu'il pleuvait même, il heurta tout d'un coup fort rudement contre un âne qui se trouva au milieu du chemin. Il faillit à se blesser, il eut même un peu de peur et fut assez longtemps sans savoir contre quoi il avoit heurté. Il reconnut pourtant enfin ce que c'était, et admira la Providence qui lui avait fait trouver ce qu'il cherchait dans le temps qu'il y pensait le moins. Cet animal cependant ne voulait pas marcher d'abord, et ce ne fut qu'avec beaucoup de peine qu'en le pressant et en le poussant il l'amena jusques à nous. Il me raconta la chose, et me dit qu'il avait eu toutes les peines du monde de faire marcher cette pauvre bête. Je lui répondis que je ne doutais point qu'elle ne marchât vigoureusement, et sans me causer la moindre fatigue, sitôt que je serais dessus, et qu'assurément la Providence ne l'avait pas fait rencontrer sur ses pas afin qu'elle me fût inutile. Je ne me trompai point dans cet heureux pressentiment. On ne m'eut pas plus tôt mis dessus que cet animal allait d'une force qu'on avait peine à lui tenir pied, et cependant de l'allure du monde la plus douce. Brisé comme je l'étais, je n'aurais pas pu durer dessus s'il avait tant soit peu trotté.

Nous passâmes tout près du corps de garde sans être aperçus, et d'abord après avoir passé le pont nous trouvâmes un parc où l'on tenait du bétail, et où était un mâtin qui, malgré les soins du berger, se mit à aboyer si furieusement qu'il nous fit extrêmement craindre d'être découverts. Cela fit que nous nous détournâmes du chemin, et nous obligea de prendre à la gauche. Cela fut cause aussi que nous nous égarâmes et que nous abordâmes à des métairies dont Capitaine connaissait les habitants, et qu'il disait même être de la religion. Dans cette pensée, il les pria de vouloir me cacher chez eux pour quelques jours; non seulement ils nous refusèrent, mais ils ne voulurent pas même nous montrer le chemin. Tant il est vrai que la charité se rencontre peu avec la crainte.

Enfin, après avoir beaucoup marché, nous avançâmes pourtant si peu que, quoique nous fussions partis à une heure après minuit, nous nous trouvâmes sur les quatre heures du matin, tout près des murailles de la ville. L'horloge que nous entendîmes sonner nous fit apercevoir de notre égarement. Cela nous affligea et nous mortifia beaucoup. Nous priâmes

Dieu de tout notre cœur qu'il voulût être notre conducteur et notre guide. Cependant Capitaine crut d'entendre du bruit dans la ville ; nous rebroussâmes donc et nous crûmes devoir prendre le chemin opposé à l'endroit où le son de la cloche et le bruit que nous avions entendu nous faisait juger qu'était la ville. Il nous fallait passer à travers champs, tantôt dans des vignes, tantôt dans des marais et dans des joncs hauts et épais qui, à chaque pas, s'entortillaient à mes jambes. Imaginez-vous la douleur que je souffris dans le pitoyable état où j'étais. Le cœur me manquait à tous moments, et je me trouvai enfin si foible et si abattu que je priai mes charitables conducteurs de me mettre à terre, et de me laisser mourir en repos au pied d'un arbre. Je leur dis que je serais l'homme du monde le plus heureux de mourir ainsi en priant Dieu, parce que j'avais ma conscience en repos et que Dieu me faisait sentir, dans le fond du cœur, que j'avais fait ma paix avec lui.

Je leur disais encore que je ne faisais que les embarrasser, et qu'infailliblement je serois la cause qu'ils seraient pris. Ils me répondirent qu'ils ne m'abandonneraient pas quand il s'agirait de gagner tous les trésors du monde, et qu'ils ne doutaient pas, puisque Dieu m'avait bien voulu conserver jusque-là et eux aussi, qu'il ne leur fit encore la grâce de les conduire dans un endroit sûr et où je pourrais recouvrer ma première santé. Ce sont là des exemples d'une charité vraiment chrétienne, et je ne sais s'il s'en trouverait beaucoup de semblables.

Je n'en pouvais déjà plus, lorsque nous arrivâmes au bord d'un grand fossé, où pourtant il n'y avait point d'eau. Il fallait de nécessité le traverser, ne sachant point d'autre chemin, et il était cependant impossible que la bête le passât. Nous dîmes à Vidal d'aller reconnaître l'endroit, et de tâcher d'en trouver quelqu'un par où nous puissions passer. Il y alla et demeura bien demi-heure à nous rejoindre.

Pendant ce temps-là on m'avait mis à terre. Nous avions heureusement quelque peu de vivres, et même du vin. Capitaine me fit manger un morceau et boire deux petits coups, ce qui me remit et me fortifia un peu. Vidal revint, et, après que nous eûmes tous un peu mangé et bu, on me chargea sur les épaules de Capitaine, et nous passâmes ainsi le fossé avec beaucoup de peine et de fatigue.

Ils ne m'eurent pas plus tôt remis sur ma monture que le jour parut, et un moment après, nous vîmes la tour de la Carbonnière, où il nous fallait passer nécessairement. Il y avait toujours là des gardes de sel, ce qui fit extrêmement craindre à Capitaine que nous n'y fussions arrêtés, d'autant mieux qu'il avait entendu du bruit dans la ville, et qu'il fallait de nécessité passer par là. Je le rassurai et lui dis qu'infailliblement Dieu ne permettrait pas que nous tombassions une seconde fois entre les mains de nos ennemis. J'ajoutai que les marques particulières de la faveur et de l'assistance divine dont j'avais ressenti les effets jusqu'alors me faisaient si fortement espérer qu'à l'avenir Dieu ne m'abandonnerait pas, que rien au monde ne pouvait me faire craindre, et qu'enfin la confiance que j'avais en sa bonté était si forte que rien ne pouvait me faire douter tant soit peu de son secours. L'événement justifia que ce n'est jamais en vain qu'on s'appuie sur Dieu et qu'on espère en lui. Nous trouvâmes un garde de sel à la porte de la tour Carbonnière qui se peignait. Nous le priâmes de nous faire ouvrir la porte. Il nous dit que le maître était en haut qui s'habillait et qu'il viendrait ouvrir dans un moment ; ce que celui-ci ne manqua pas de faire et de baisser le pont-levis. Nous lui payâmes quelque droit. Il nous laissa passer et ne nous dit autre chose, si ce n'est que nous étions sans doute de ces prisonniers de la Tour de Constance, et que Dieu nous conduisit. Mes conducteurs furent fort contents quand nous eûmes passé cet endroit. Ils avaient tant de frayeur qu'il leur semblait que toutes les personnes que nous rencontrions étaient des soldats d'Aigues-Mortes, qui étaient venus là pour les prendre et pour les ramener en prison. Mais je vous assure que Dieu me fit la grâce de ne jamais rien craindre, tant il m'assurait intérieurement de son secours.

Cependant, comme je commençais déjà à être fort fatigué sur cette monture, je voulus m'arrêter à Saint-Laurent, à une lieue d'Aigues-Mortes, mais nous apprîmes qu'il y avait une compagnie de dragons, ce qui nous obligea de faire tous nos efforts pour arriver à Marsillargues, à deux lieues de la ville. Nous demandâmes à loger dans trois ou quatre endroits différents ; on nous refusa partout. Nous étions déjà fort avant dans le village, lorsqu'une demoiselle, qui avait vu de quelle manière on nous avait refusé, vint nous offrir sa maison le plus honnêtement du monde, et sans qu'il nous en coûtât rien. Nous la remerciâmes fort de ses offres obligeantes, et nous la priâmes seulement de vouloir bien nous indiquer quelque personne qui sût rhabiller les membres rompus. Elle nous donna d'abord un garçon qui nous conduisit dans la maison d'un homme tel que nous le demandions; il s'appelait maître Farignères. Après que je me fus un peu reposé, il regarda mes pieds et trouva que les os des chevilles étaient déplacés. Vous jugez bien que ce ne fût pas sans me faire beaucoup souffrir qu'on remit ces os dans leur place naturelle. Il fallait que deux hommes me tinssent pendant l'opération. Elle fut, par la grâce du ciel, aussi heureuse que je le pouvais souhaiter.

Je demeurai deux ou trois jours chez ce rhabilleur, et pendant ce temps-là je fus visité de beaucoup d'honnêtes gens et fort charitables. Mais je dois particulièrement reconnaître les obligations que j'ai à trois ou quatre demoiselles qui me firent mille honnêtetés, et qui, par une charité peu commune, m'offraient incessamment tout ce qui dépendait d'elles. Ce ne furent pas aussi de simples offres, elles furent suivies des effets. Ces généreuses personnes m'envoyèrent un bon lit, et ne me laissèrent manquer de quoi que ce fût.

Cependant Vidal et Capitaine, me voyant en lieu sûr, crurent qu'ils devaient faire chemin et me quittèrent. Ce ne fut pas sans verser des larmes de part et d'autre, et tout ce que je pus faire pour ces charitables personnes et pour ces chers compagnons de mes liens, fut de les accompagner de mille vœux et de mille bénédictions. J'espère que le Ciel ne manquera pas de couronner leurs bonnes œuvres, et de récompenser leur extraordinaire charité.

(*Bull. de l'hist. du prot. franç.*, t. XI, p. 45-50).

Au bout de quelque temps, Jean Nissole put regagner Ganges, sa ville natale, où il demeura caché plusieurs semaines et acheva de se rétablir. Puis, il se remit en route, et réussit, au prix de grandes fatigues et de continuels dangers, à se rendre à Genève, où il trouva ce refuge hospitalier que cette noble cité offrait alors aux proscrits de la Révocation.

D'après la Relation de Serres, Nissole se serait ensuite établi en Allemagne. (Voy. page 143.)

Quant à Salendre, dit Capitaine, il fut repris et pendu. (Voy. page 21.)

III (page 10).

LETTRE DE MADEMOISELLE DE FOUQUET.

(Extrait des *Lettres pastorales* de Jurieu, vol. II, lettre VI.)

Voici, dit Jurieu, une lettre d'une illustre prisonnière, qui confesse le nom de Jésus-Christ avec un courage qui ne tient rien de la faiblesse de son sexe; c'est la sœur de ce M. Boisebart, que la relation que nous avons donnée dans notre quatrième Pastorale de cette seconde année vous a appris être mort de maladie dans le transport à l'Amérique. Elle était en peine de l'état de ce cher frère; elle peut savoir présentement qu'il est au ciel, où il possède la couronne du martyre.

Monsieur et très cher frère, ayant reçu la lettre ci-dessous écrite de Made-

moiselle de Fouquet, d'une maison noble de la ville du Vigan en Cévennes, qui a été mon Eglise pendant seize ans : cette famille composée de trois personnes, M. de Boisebart, qu'on a envoyé aux Amériques, parce qu'il n'a pas voulu se révolter, après trois ans de prison la plus cruelle, âgé de 52 ans ; Mademoiselle de Fouquet, sa sœur, âgée de 40, qui est celle qui m'écrit, et une fille de M. de Boisebart, âgée de 12 ans (1), *j'ai cru, Monsieur, que vous ne seriez pas marri de recevoir une copie de cette lettre. Ne doutez point de la vérité, le caractère et la personne m'est connue parfaitement, et elle est si sage et si vertueuse qu'elle ne dirait rien contre*

---

(1) Cette jeune fille, devenue catholique dans le couvent où elle fut enfermée, épousa plus tard un M. d'Assas, du Vigan, et son fils fut ce Claude d'Assas, qui, revenu à la religion de son grand-père maternel, M. de Fouquet, se réfugia en Angleterre, et traduisit en anglais les *Relations* du sieur Serres,

la vérité pour tout le bien du monde, dont je me rends le garant.

A M. Rossel, ministre de l'Eglise française de Dublin.

De l'Hôpital du Parc de Marseille, ce 6 août 1687.

Puisque j'ai la liberté, mon cher Monsieur, de vous écrire, étant prisonnière, il y a déjà neuf à dix mois, je n'ai pas voulu partir, pour un voyage de deux mille lieues, sans vous dire le dernier adieu, et vous prier en même temps de vous souvenir de moi et de toute ma pauvre petite famille dans vos prières publiques et particulières. La lettre que vous m'avez fait l'honneur de m'écrire, datée du 9 d'août de l'année dernière, m'a appris que vous n'aviez pas oublié vos amis, et je veux croire pour ma consolation que si vous voyiez mes souffrances et mes douleurs, vous en seriez sensiblement touché, et que vous me départiriez vos consolations dans un temps où j'en ai tant de besoin, et que c'est la seule que je puis recevoir du côté du monde, étant tempêtée et destituée de toute humaine consolation. Tout ce que je puis vous dire, mon cher Monsieur, est qu'en quelque endroit du monde que je sois, je serai toujours votre très humble servante, et que je conserverai toute ma vie pour vous l'estime et le respect qui est dû à une personne de votre mérite et de votre caractère.

Je crois que vous voulez bien que je vous fasse mon histoire depuis que je suis tombée entre les mains de mes ennemis : je vous connais si charitable et si bon que je ne doute pas que vous ne plaigniez extrêmement mon sort. Après donc, Monsieur, que j'eus fui 14 ou 15 mois avec ma petite nièce Madon, et que j'eus fait humainement tout ce que je pouvais pour nous tirer de ce malheureux pays, n'ayant épargné ni mes soins ni mon argent, je perdis encore vingt louis d'or à

Montpellier, que j'avais donnés au maître d'une barque pour la petite et pour moi. L'homme qui devait nous conduire fut pris et condamné aux galères, où il est encore, quoiqu'il soit Italien. Il fallut se tirer promptement de Montpellier, car la femme chez qui nous étions cachées, nous mit à la rue à dix heures de nuit, sans que personne nous voulût donner le couvert, quoique nous pussions bien dire comme l'Apôtre : *Recevez-nous, nous n'avons fait tort à personne.* Notre état toucha si fort une pauvre servante qu'elle se prit à dire cet endroit d'un de nos psaumes : *Et au milieu de mon angoisse, je ne vois nul qui me connaisse*, et nous cacha chez sa maîtresse. Nous partîmes deux jours après, et nous en allâmes chez nous. Nous y demeurâmes environ deux mois, sans que personne en fût averti. J'y eus une grande maladie qui fut une espèce de paralysie. Je demeurai trois ou quatre heures morte sans qu'on osât appeler du secours, et quand je fus revenue, je ne voulais pas qu'on appelât ni médecin, ni apothicaire. Cependant il fallut bien s'y résoudre ; car il me prit une douleur de tête si violente qu'elle ne me laissait pas un moment de repos ; mais cela se fit si adroitement que personne n'en soupçonna jamais rien. On trouva bon que j'allasse aux bains de Belaruc, à cause que ce mal-là m'avait laissé un bras un peu faible. J'y allai donc, et je laissai ma petite nièce à Montpellier, jusqu'à mon retour des bains.

De là nous allâmes à Nîmes dans le temps des Etats, car je voulais faire agir nos amis auprès de M. le duc de Noailles pour faire adoucir la prison de mon cher frère, qui était extrêmement malade à la Tour de Constance, à Aigues-Mortes, dans un endroit où il avait de la peine à se remuer, et où on lui portait du bouillon le matin, après quoi on le laissait 24 heures sans le revoir, et sans vouloir permettre qu'on lui donnât une personne pour le servir, car il était tout seul. (Jugez par là de la cruauté de nos ennemis.) On le laissa en cet état cinq ou six mois ; le mal le prit dans le mois d'août, et il était encore malade quand on l'a embarqué pour l'Amérique. Il a passé tout l'hiver dans ce malheureux endroit et dans ce pitoyable état sans feu et sans chandelle. Jugez, mon cher Monsieur, de ma désolation, de me voir priver de voir ce cher frère et de le secourir. Aussi est-il parti pour ce grand voyage sans que j'ai eu cette consolation que de l'embrasser.

Pour revenir à mon histoire, je vous dirai donc que nous fûmes prises à Nimes, et je fus conduite au château de Sommières, et la pauvre petite Madon dans le grand couvent de Nîmes, où elle est encore. Quand il fallut arracher cette chère enfant d'entre mes bras, je croyais qu'elle mourrait et moi aussi, et je vous proteste que ses cris et ses larmes auraient touché un cœur de roche. Je restai donc trois ou quatre mois à Sommières, et après je fus conduite au couvent du Vigan, où je restai cinq ou six semaines, et d'où je sautai la fenêtre pour tâcher de me tirer d'entre les mains de mes ennemis. J'y avais réussi, mais Dieu a permis que j'y sois retombée une seconde fois. Je vois par là qu'il m'appelle à la souffrance, et qu'il veut que je le glorifie en prison et peut-être à la mort. Aussi suis-je résolue à suivre mon Sauveur partout où il voudra m'appeler, moyennant l'assistance de son Esprit ; car de moi-même je ne puis rien, je suis la faiblesse elle-même, mais ce grand Dieu parfera sa force dans ma faiblesse et sa vertu dans mes infirmités.

C'est pour cela, mon cher Monsieur, que j'implore le secours de vos prières. Ayez cette charité pour moi de prier souvent ce bon Dieu de me donner la persévérance, et de me faire la grâce de lui être fidèle jusqu'à la mort, afin que je puisse un jour recevoir de sa main la couronne de vie. Priez-le aussi, je vous en conjure, qu'il ne permette pas qu'on n'imprime jamais dans le cœur de cette pauvre enfant cette malheureuse doctrine ; c'est là toute ma peine, mais je suis assurée que, si elle est du nombre de ses enfants, comme je n'en doute point, ce grand Dieu la sauvera bien d'entre les mains de nos ennemis, malgré la rage de l'enfer et du monde.

Je ne vous dis pas toutes les particularités qui me sont arrivées, parce que je serais trop longue, et même je m'aperçois que je le suis déjà trop ; mais comme je suis persuadée de votre charité, je ne doute point que vous n'excusiez une malheureuse qui sent un grand soulagement en vous racontant ses malheurs et ses aventures, me flattant que vous y prenez quelque part. Je vous dirai seulement qu'en sautant la fenêtre du couvent des religieuses du Vigan, je me démis un bras, et avec tout cela il fallut encore partir le lendemain pour Sommières, où je restai 24 ou 25 jours. Jugez un peu de ce que je souffris en prison, toute seule et sans me pouvoir servir que d'un bras. Après cela, on nous mena ici où nous avons resté 3 ou 4 mois, en attendant de jour à autre qu'on nous embarque pour l'Amérique, car nous avons été condamnées à aller dans ce pays-là. Dieu veuille être notre pilote et notre conducteur pendant notre voyage !

Nous sommes ici cent trente et deux prisonniers, tant hommes que femmes, tous dans un même endroit, et l'on dit qu'il doit en arriver autant dont la plupart sont des gens des Cévennes. Voilà, Monsieur, un triste récit que je viens de vous faire, mais puisque Dieu le veut, il y a longtemps que je n'en puis pas faire d'autre, car je vous proteste que, depuis le temps que nous vous avons perdu, je n'ai pas passé une bonne heure, et que toutes sortes de malheurs nous ont suivis. Il faut que je vous avoue que je suis dans une désolation que je ne saurais vous exprimer, de n'avoir aucune nouvelle de mon cher frère, quoiqu'il y ait déjà six mois qu'il est parti ; car il partit le 12 de mars. Je suis dans des appréhensions mortelles qu'il ne lui soit arrivé quelque nouveau malheur, car il était fort malade encore. On me vient dire tous les jours que le vaisseau a péri et qu'il ne s'est sauvé que très peu de personnes; les autres disent qu'il a été pris par le Turc. Enfin, Monsieur, je suis toujours entre la crainte et l'espérance. On dit qu'il y a un grand commerce de ce pays-là à l'Angleterre et la Hollande; si cela est, au nom de Dieu, mon cher Monsieur, tâchez de savoir la vérité, s'il se peut, et de savoir qu'est devenu ce cher frère, et si vous en apprenez quelque chose, faites-le moi savoir le plus tôt que vous pourrez, pour me tirer de la peine où je suis. Car je vous proteste que, dans l'état où je me trouve, ma seule peine est ce cher frère et cette pauvre petite; de l'un ne sachant ce qu'il est devenu, et l'autre étant en danger de perdre son âme. Mais ce grand Dieu qui est riche en miséricorde aura pitié d'eux et de moi.

Pour ma personne je vous proteste que cela ne me fait nulle peine, étant bien persuadée que ce grand Dieu qui m'a conduite jusqu'ici, ne m'abandonnera point, qu'il ne permettra point que je sois tentée au-delà de mes forces, mais qu'avec la tentation, il me donnera l'issue pour que je puisse la soutenir. Combien de grâces dois-je rendre à ce grand Dieu de ce que, dans le temps que presque tout un royaume est tombé, il me fait la grâce d'être encore debout, et qu'il me juge digne de souffrir quelque chose pour son nom. Hélas ! qui suis-je pour que Dieu me fasse tant de grâces, à moi qui suis une misérable pécheresse ? Ce n'est point du voulant ni du courant, mais de Dieu qui fait miséricorde.

On dit qu'on nous embarquera pour l'Amérique à la fin de septembre ou au commencement d'octobre ; la volonté de Dieu soit faite ! Je vous proteste que je ne suis pas fâchée de quitter ce malheureux pays, qui est une seconde Sodome.

Nos maux augmentent tous les jours, et la brigue redouble à tout moment. Dieu veuille être à la porte pour nous délivrer et retirer le reste de nos familles quand il le jugera à propos pour sa gloire !

Je finis en vous priant d'être persuadé que je suis votre très humble et très obéissante servante.

Marguerite DE FOUQUET.

Cette lettre, ajoute Jurieu, vous apprend des nouvelles de ce Monsieur Boisebars, de la maison de Monsieur Fouquet, surintendant des finances, si connu par ses disgrâces. Le confesseur est mort dans sa confession en allant aux îles.

IV (page 57).

Une rencontre en mer.

(Extrait des *Lettres pastorales* de Jurieu, vol. I, lettre XIX)[1].

De Cadix, ce 17 avril 1687.

Monsieur,

Je ne doute point que vous ne soyez informé de ce qui se passe en France à l'égard de nos familles qui gémissent sous le joug de la cruelle persécution ; mais peut-être que vous n'êtes pas encore informé d'un nouveau genre de persécution que l'on a inventé depuis peu, après avoir épuisé la constance d'un nombre infini de malheureux. Et voyant qu'ils n'avançaient rien, on les envoya aux îles de

(1) *Bull. de l'hist. du prot.*, t. XI, p. 158.

l'Amérique sur des vaisseaux du roi pour y être vendus au plus offrant. Ces choses font horreur à la nature, que ceux qui se disent chrétiens vendent des chrétiens à denier comptant : c'est ce qu'on n'a jamais ouï dire que dans ce misérable siècle où nous vivons. Ces larmes que j'ai versées et que je verse à tout moment ne me permettent pas de vous dire tout ce que j'ai vu, étant accompagné de Monsieur votre fils et d'un officier réfugié qui est sur notre vaisseau.

Un vent de tempête nous a fait relâcher à la rade d'Almaria, qui est sur le royaume de Grenade, qui nous y a détenus cinq semaines, et de jour à autre nous y voyions arriver des vaisseaux d'une et d'autre nation, que ce mauvais temps obligeait à chercher un abri. Le sixième d'avril, un vaisseau portant pavillon de France y était arrivé ; dès que le mauvais temps fut passé, Monsieur le comte de Stirum envoya audit vaisseau français un de ses lieutenants pour s'informer d'où il venait et où il allait. Nous apprîmes qu'il venait de Marseille et qu'il allait à l'Amérique porter des esclaves, ce qui m'obligea à demander la chaloupe pour m'aller éclaircir du doute où j'étais, croyant qu'il y avait dedans des gens de notre religion, comme en effet cela ne s'est trouvé que trop véritable. Dès que nous avons esté à bord du Français, il nous a fait apporter la collation, et un moment après nous avons vu paraître quelques demoiselles, à qui la mort était peinte sur le visage, lesquelles venaient en haut pour prendre l'air. Nous leur avons demandé par quelle aventure elles s'en allaient à l'Amérique. Elles ont répondu avec une contenance héroïque : *Parce que nous ne voulons point adorer la bête, ni nous prosterner devant des images. Voilà*, dirent-elles, *notre crime*. Nous leur avons demandé s'il n'y en avait point des Cévennes. Elles ont répondu qu'il y en avait deux, l'une de 15 et l'autre de 16 ans qui étaient en bas et qu'elles étaient d'une ville que l'on appelait Saint-Ambroix, ce qui augmenta ma curiosité de les voir. L'une était malade à la mort, et sa sœur était auprès d'elle pour l'assister de ce qu'elle pouvait. A ma sollicitation, le capitaine permit que celle qui n'était point malade montât. Dès qu'elle parut sur le pont, je vis bien que son visage ne m'était point inconnu. Monsieur votre fils lui demanda : « D'où êtes-vous, Mademoiselle ? — Je suis de Saint-Ambroix, dit-elle. — Comment vous appelez-vous ? — Je m'appelle Peirique. » Il n'en fallut pas davantage pour me persuader que c'étaient mes cousines-germaines. J'avais résolu de la laisser parler quelque temps, mais les larmes qui commencèrent à couler de mes yeux ne me l'ont pas permis. Je m'approchai d'elle et lui demandai : « Eh bien ! Mademoiselle, ne me connaissez-vous pas ? » — Au moment qu'elle eût jeté la vue sur moi : « Ah ! dit-elle en se jetant sur mon col, est-il possible, mon cher cousin, que je vous voie encore dans mon malheur? » Elle ajouta cent autres choses si touchantes qu'il n'y eut personne du vaisseau qui ne versât un torrent de larmes, du moins de ceux qui les ont en garde.

Je demandai au capitaine permission de voir sa sœur qui ne pouvait pas monter l'échelle, ce qu'il m'accorda. Je ne fus pas plus tôt au bas que je vis 80 jeunes filles ou femmes couchées sur des matelas, accablées de maux; ma bouche fut fermée et je n'eus pas le mot à dire. Elles me dirent les choses du monde les plus touchantes, et au lieu de les consoler elles me consolèrent; et, ne pouvant parler, elles me dirent d'une commune voix : Nous mettons le doigt sur nos lèvres, et nous disons que toutes choses viennent de Celui qui est le Roi des rois; c'est en celui-là que nous mettons notre espérance.

D'un autre côté, l'on voyait cent pauvres malheureuses accablées de vieillesse, et que les tourments des tyrans ont réduites aux abois. Nous en avons vu de toutes sortes, de tous âges et de toute qualité ; il n'y a personne d'épargné. Elles m'ont dit que, lorsqu'elles partirent de Marseille, elles étaient 250 personnes, hommes, femmes, filles et garçons, et qu'en quinze jours il en est mort dix-huit. Il n'y a qu'une demoiselle qui est du Poitou; tous les autres sont de Nîmes ou de Montpellier et aux environs. Un paysan qui est à demi-lieue de chez nous a souffert tout ce que l'on peut souffrir ; et comme les cruels ont vu qu'ils ne gagnaient rien, il est mort à la rade de Grenade. Son fils qui était dans ce même navire m'a d'abord connu ; il s'appelle Griollet, et son village Ceurla, à une lieue de Saint-Ambroix. Il y a encore six vaisseaux qui doivent partir de Provence chargés de ces pauvres gens, qui n'attendent que le vent pour faire voile. J'ai voulu dire à ma cousine de prendre courage. Elle me dit : « Mon cousin, ce n'est pas la mort que j'appréhende ; si Dieu voulait me retirer je sortirais de bien des misères que j'ai encore à souffrir ; mais je suis résignée à ce qu'il lui plaira m'envoyer ». Un jeune gentilhomme à qui le capitaine donnait sa table, est mort de déplaisir depuis huit jours.

Dès que j'ai été de retour aux vaisseaux et que j'ai fait un détail de ce que je venais de voir, Monsieur le comte de Stirum en a témoigné bien du chagrin, et m'y a renvoyé avec quelques rafraîchissements de poules, de vingt autres choses, et même de l'argent ; et s'il n'avait dépendu que de lui de les tirer de misère, je m'assure qu'il ne s'y serait en rien épargné. Mademoiselle votre sœur est encore errante à ce que mes cousines m'ont dit ; elles ont été longtemps cachées dans les bois de Desorfre, de Aroubac. Elles m'ont tant dit de choses qu'il n'est pas à mon pouvoir de les exprimer. Le lendemain, nous avons levé l'ancre au point du jour, à mon grand regret. J'ai été pour leur dire adieu, et ce peu de temps que j'ai été, elles m'ont recommandé d'une même voix : *Nous vous supplions de vous souvenir de nous dans vos prières, et que Dieu nous fasse la grâce de persévérer jusques à la fin pour avoir part à la couronne de vie.* Vous voulez bien, Monsieur, que je vous demande pour ces pauvres malheureux la même chose qu'ils m'ont demandée. Je m'assure que vous prierez Monsieur des Marais de s'en souvenir; elles me l'ont répété par cent fois de la manière du monde la plus touchante. Je finis en me disant tout à vous...

La mère d'un ministre et sa sœur qui sont aussi dans le même navire m'ont prié de donner de leurs nouvelles à son fils qui est ministre en Hollande ; il s'appelle M. Arnolt (1) de Languedoc. Monsieur votre fils vous aurait écrit, mais nous avons cru que celle-ci suffisait pour tout.

---

(1) C'est Arnaud qu'il faut lire. Il était pasteur à Vauvert.

V (page 87).

RELATION DE PIERRE ISSANCHON.

Relation véritable de ce qui s'est passé dans la traversée du vaisseau nommé l'Espérance, *du port de trois cents tonneaux, commandé par le capitaine Peysonnel, chargé de cent protestants français, hommes et femmes, et cent forçats papistes incapables de servir dans les galères, qu'on transportait aux îles de l'Amérique.*

Le dit vaisseau partit le 12 mars de la présente année 1687, avec le susdit nombre, 35 hommes d'équipage, 23 soldats, et cinq ou six passagers volontaires.

La traversée a été de deux mois, cinq ou six jours, savoir 38 ou 39 jours sur la Méditerranée par le mauvais temps qu'il faisait, ce qui obligea de relâcher deux fois. La première fut dans un lieu nommé La Roquette, sur la côte d'Espagne, où étaient quatre vaisseaux hollandais qui attendaient un temps favorable pour continuer leur route. Deux Français officiers dans un desdits vaisseaux hollandais eurent la curiosité d'aller visiter ledit vaisseau français, pour savoir le sujet de son voyage. L'un desquels, nommé M. Bousige, se trouva parent de deux jeunes demoiselles de Saint-Ambroix en Cévennes, nommées Peyriques, auxquelles il fit quelques libéralités, à son départ, pria le dit capitaine Peysonnel d'en avoir un soin particulier, ce qu'il fit dans les occasions.

Le second relâche fut à Gibraltar, pour prendre les rafraîchissements nécessaires pour les malades qui étaient en grand nombre pour lors, non seulement à cause du mauvais temps, mais aussi pour n'être pas accoutumés à de tels voyages.

Il est mort pendant la traversée dix-neuf personnes, savoir quatorze hommes et cinq femmes.

Les hommes morts de maladies sont :

M. Mathieu fils, intendant et juge de la Duché de Duras. M. de Boisebar, gentilhomme du Vigan. François Martin, tanneur de Nîmes. Pierre Lause, chaussetier de Nîmes. Gruillet, le père. Jacques Bonnet. Jacques Huc, maréchal. Annibal Roubaud, écrivain. Jacques Finiel. Henry Durand. Le nommé Pascal. Gabriel-André Vignur (Viguier?), de la Tour. François Ricard, de la Salle. Ces neuf des Cévennes. Jean Jonquet, à dix lieues de Nîmes.

Les femmes mortes de maladies sont :

Mademoiselle Feragut, veuve d'un ministre de Nîmes. La veuve Bosc et sa sœur, de Montpellier. Marthe Roque, fille de la veuve Roque, de La Salle. Françoise Cabrit, des Cévennes.

La nuit du jour de la Pentecôte entrant au lundi, sur les deux heures après minuit, étant à une lieue et demie loin de terre, vis-à-vis une petite île dépendante de la Martinique qui n'est encore habitée que par quelques sauvages. le dit vaisseau fut entièrement brisé sur des roches, par la malhabilité du capitaine et du pilote, qui ne se croyaient pas si près de terre. Ceux des protestants qui sont péris dans ce naufrage sont :

Hommes noyés :

M, Guy, bourgeois de Bédarieux en Languedoc. M. Daudé, ci-devant officier du côté d'Anduze. Jaques Crozier, marchand de Villeneuve-de-Berg, en Vivarais. Jaques Alloger, facturier de Nîmes. Jaques Bernard, de Nîmes. Jean Fontane, marchand d'Anduze. Pierre Huc, d'Anduze. Pierre Roque, tailleur. Jean-Pierre Gras. François Chapelle. Laurans Mazel. Pierre Fesquet. Guillaume Renaud. Anthoine Malzac. Raynoud Tourrenc. Ces huit des Cévennes.

Femmes noyées :

La veuve de M. Arnaud, ministre des

environs de Nîmes. Dauphine et Louise Arnaud, sœur dudit M. Arnaud. La veuve Bonami, du Poitou. La veuve du susdit Lause, de Nîmes. La veuve Roque, de La Salle en Cévennes, Jeanne et Isabeau Roque ses filles. Mademoiselle Baldine. Mademoiselle Esperte, de Puylaurens. Ressonne, des Cévennes. Passette de Nîmes. Jeanne et Isabeau Peyrique, de Saint-Ambroix, en Cévennes. Madon Joyeuse, des Cévennes. Marie Laune, de Nîmes. La veuve Donnadieu, cordonnier de Nîmes. La veuve Dumas, d'Anduze. La femme de Guillaume de la Combe, de la Salle. Gradelle, des Cévennes. Miengue des Cévennes.

Ceux qui se sauvèrent sont :

M. Guiraud, ci-devant officier, de Nîmes. M. Nouvel, marchand de Nîmes. Jean et Isaac Boisson frères de Nîmes. Pierre Michel, voiturier de Nîmes. Pierre Brun, de Nîmes. Le nommé Terrieu, de Nîmes. Pierre Orange, de Nîmes. M. Jeune, de Villeneuve de Berg, en Vivarais. M. Mazauri, marchand d'Anduze. Claude Jurand. François Sallendre, de La Salle. Anthoine Turc. Scipion de Saint-Etienne. Jean Mazairac. Claude Bourdy. Guillaume la Combe, de La Salle. Jean Martin. Jaques Pu. Jaques Gras. Pierre Amblar. Jaques du Cros. Jaques Fontane. Ces treize des Cévennes. M. Goiran d'Uzès. André Cérès. Foucaran Fabre. Jean Malzac. Anthoine Mazel. David Fesquet. Ces cinq des Cévennes. David Vedel, de Clarensac. Pierre du Clos, de Nîmes. Daniel Latge, proche de Montpellier. Nicolas Audiger. Claude Gruillet fils. Charles Marcou. Jean Antoine la Fon. Ces quatre des Cévennes, M. Serre, de Montpellier. M. Lerpinière, proposant de Sommières. M. Pellat, chirurgien de Sommières.

Les femmes qui se sauvèrent sont :

Alogère, de Nîmes. Jalaberte de Nimes. La femme du susdit Vedel, de Clarensac. Une nommée Susanne, des Cévennes.

Il y en a trois ou quatre des susdits qui se sauvèrent dans les chaloupes parmi une partie des matelots ; et le capitaine, qui se jeta dans la mer pour joindre ladite chaloupe qui était éloignée du vaisseau d'environ vingt-cinq à trente pas.

Quant aux autres, ils abordèrent l'île le dit jour de lundi en diverses fois, étant portés sur des pièces du débris dudit vaisseau à la faveur de la mer et du vent qui les poussaient à terre. Je me trouvais en compagnie de trente-cinq personnes dans un endroit qui n'est habité que par les sauvages, et en petit nombre, et, après avoir côtoyé la dite île jusques à la nuit sans rencontrer personne. Nous trouvâmes enfin du feu que les sauvages avaient allumé dans le bois quelque temps auparavant, que nous transportâmes dans un endroit de ladite île, qui nous sembla la plus commode pour passer la nuit avec le moins de danger des serpents qui sont assez communs dans ce pays-là, et, comme la faim nous pressait, nous ramassâmes quelques limaçons sur le bord de la mer qui nous servirent d'aliments pendant deux fois vingt-quatre heures. Vers la minuit du lundi venant au mardi, nous fûmes visités par trois ou quatre sauvages, qui nous parurent assez touchés de notre malheur, quoique nous leur ressemblassions beaucoup, puisque nos habits étaient fort semblables aux leurs.

Ils nous firent présent de quelque peu de casave, qui est leur pain ordinaire, quelque petit poisson et un peu d'eau qui n'aurait pas été suffisant pour quatre personnes. Le mardi, ledit capitaine Peyssonnel nous ayant rencontrés, la plupart nus, les autres en chemise seulement, donna ordre pour nous faire porter chez les Français qui n'étaient éloignés que d'une petite lieue de cet endroit-là, où nous ne pouvions aller que par bateau.

Nous fûmes chez ces gens-là jusqu'au 20 dudit mois mangeant à leur ordinaire.

Ledit jour 20 mai, nous fûmes à un lieu nommé le Cudesac de la Trinité, à quinze lieues du fort Saint-Pierre, lieu de la résidence de M. le comte de Blenac, général de la Martinique et îles voisines qui dépendent de celle là. Le 22 dudit mois de mai, M. le major se trouva audit Cudesac de la Trinité, où nous avions été assemblés par son ordre.

Nous fûmes dispersés chez les habitants du voisinage, deux ou trois au plus dans chacune habitation, avec ordre de nous fournir les aliments nécessaires pour notre subsistance, et nous faire traiter de la brûlure du soleil qui nous avait fait élever des vessies par tout le corps, accompagnées de grandes douleurs.

Il mourut de ladite brûlure un de nos protestants nouveaux, Jaques Bernard que j'ai écrit au rang de ceux qui s'étaient noyés, parce qu'il mourut deux jours après être échappé de la mer et fut laissé dans le même endroit, où la mer transportait ceux qui s'étaient noyés.

Après être guéris, il y en eut la plus grande partie qui se transportèrent au Fort Saint-Pierre, croyant d'y faire quelque profit; quinze ou vingt d'iceux se retirèrent dans un magasin, qui leur fut donné pour leur servir de retraite pendant qu'ils cherchaient à se placer, et, pour leur subsistance, quelques capitaines rochelois qui avaient été de la R. leur firent présent de biscuit et de bœuf salé. Messieurs les jésuites furent leur rendre visite avec de grands offres de service qu'ils accompagnèrent de quelques charités qu'ils leur firent; mais tout cela ne tendait qu'à découvrir ceux qui n'avaient pas abjuré; ils les sollicitèrent de le faire par plusieurs douceurs qu'ils leur faisaient espérer, mais voyant que toutes ces promesses ne servaient de rien, ils employèrent l'autorité dudit comte de Blenac, général, qui les envoya quérir par ses gardes.

Ils furent mis dans un cachot le 9 de juin et abjurèrent vingt-quatre heures après, sous promesse de les laisser dans la Martinique en liberté ; mais ils furent trompés dans leurs espérances, car, au lieu de les y laisser, ils furent envoyés cinq ou six jours après dans l'île Saint-Dominique, à deux cents lieues de la Martinique, habitée par les Français et Espagnols par égales portions.

Le traitement ci-dessus m'obligea à travailler à ma sûreté, en attendant le départ d'un vaisseau rochelois qui me devait prendre dans son bord, et qui disait aller en Hollande, ce qu'il n'a pas fait.

Je fus caché pendant dix jours chez les personnes qui m'avaient procuré le susdit vaisseau, lesquels me fournirent les aliments nécessaires pendant ledit temps. Ledit vaisseau partit de la Martinique le 17 de juin et arriva au Hâvre de Grâce en Normandie, le 17 août suivant, où je restai onze jours, et ensnite je fus à Dieppe, et, après trois semaines de séjour, je m'embarquai le 17 septembre à deux lieues dudit Dieppe, ayant auparavant échappé d'entre les mains du major dudit Dieppe, et par deux fois de celles des soldats, qui ne demandent que de l'argent. J'arrivai en cette ville de Londres le 25 de ce mois accompagné de plus de quarante personnes.

Tous ceux qui se sauvèrent, à la réserve des trois ci-dessus, étaient à la Martinique, lorsque j'en partis, éloignés les uns des autres.

Pour des forçats, il ne s'en est pas sauvé plus de trente. De l'équipage, il ne s'est perdu que trois ou quatre matelots, l'écrivain du roi nommé M. du Breuil qui était du côté de Paris, et l'écrivain du vaisseau, nommé M. Latasse, du côté de Bordeaux, qui étaient malades depuis 8 ou 10 jours. Il se noya aussi trois ou quatre soldats et deux passagers volontaires.

Signé : PIERRE ISSANCHON, chirurgien de Montauban.

Le 15 octobre 1687.

Sur Pierre Issanchon, nous empruntons quelques détails à l'article que lui consacre la *France protestante* :

Issanchon (Pierre), chirurgien de Montauban, parfait honnête homme et protestant très zélé, ayant été arrêté à Lyon, comme il essayait de passer en Suisse, fut mené devant le prévot des marchands qui, sur son aveu sincère qu'il était de la religion réformée, ordonna de le conduire en prison. Quelques jours après, il fut transféré au Pont-Saint-Esprit et plongé dans un cachot si étroit qu'à peine pouvait-il étendre ses membres endoloris sur la paille pourrie qui lui servait de lit. Son unique nourriture était un peu de pain ; pour étancher sa soif, on lui donnait de l'eau à condition qu'il la payât. On finit par l'envoyer à Marseille lorsqu'on s'aperçut que la souffrance physique n'ébranlait par sa fermeté, et on le mit à la chaîne. Mais les galères, comme les prisons, regorgeaient de protestants condamnés soit parce qu'ils avaient essayé de fuir, soit parce qu'ils avaient assisté à des assemblées religieuses. Le gouvernement dut aviser aux moyens de diminuer l'encombrement et ordre fut donné de transporter un certain nombre de ces infortunés dans les colonies. Issanchon fut, en conséquence, embarqué, avec une centaine de ses coreligionnaires, sur la *Notre-Dame de Bonne-Espérance*, qui partit de Marseille pour la Martinique, le 12 mars 1687.

VI (page 149).

Le Jeune, de Villeneuve-de-Berg.

(Extrait des *Lettres pastorales* de Jurieu, lettre VI du vol. II.)

Nous vous dirons ce que nous avons appris d'un de ces confesseurs ; c'est de M. Le Jeune, de Villeneuve-de-Berg, en Vivarais, dont vous trouverez le nom dans la quatrième lettre de cette année entre ceux qui sont réchappés et qui souffrent encore pour la foi. Il passa par les mains de trente dragons qui exercèrent sur lui toutes les cruautés ordinaires. Après l'avoir maltraité de toutes les manières les plus communes, c'est-à-dire avec des coups et des paroles, ils le suspendirent dans un puits avec une corde, où ils le laissèrent jusqu'à ce qu'il fût prêt à rendre l'âme. Ils le tirèrent de là, et, après l'avoir fait passer par l'eau, ils le firent passer par le feu, afin qu'aucune épreuve ne lui manquât. Ils allumèrent un grand feu auprès duquel ils le mirent. Il en eut les cuisses entièrement brûlées, et, pour augmenter son supplice, ils lui faisaient distiller sur la chair la graisse brûlante d'un rôti qui était à la broche. Il souffrit ces tourments horribles, et qui vont du pair à tout ce que les anciens martyrs ont souffert, sans être tenté de renier la vérité. Il était près d'expirer dans ces horribles tourments, quand quelqu'un vint l'arracher à ses bourreaux et le jeter sur une paillasse où il demeura longtemps comme sans vie. Enfin il revint, il écrivit au duc de Noailles le traitement qu'on lui avait fait. Pour consolation et pour remède, on l'envoya guérir, on le fit panser et ensuite on le jeta dans l'affreuse prison de la Tour de Constance, d'où il a été tiré pour être transporté aux îles.

D'après les frères Haag (*France protestante*, art. *Le Jeune*), Charles Le

Jeune « réussit à gagner Londres, où il mourut jeune encore, les mauvais traitements qu'il avait endurés ayant sans doute abrégé ses jours (1) ».

(1) Dans la suite de l'article sur Le Jeune, les frères Haag affirment à tort que Serres se retira à Genève.

VII.

Témoignage d'Elie Benoit.

Nous empruntons, pour terminer, deux courts fragments à Elie Benoît, l'historien de l'Edit de Nantes.

Le premier est relatif aux lettres des galériens et déportés protestants :

« Sous le poids de leurs chaînes, ces personnes affligées écrivaient des lettres capables d'attendrir les cœurs les plus durs, non pas tant par la description de leurs souffrances que par les vives expressions de leur piété et de leur courage. On ne peut rien voir de plus touchant que leurs consolations et que les marques sensibles de la tranquillité de leur esprit au milieu de tant de tourments, dont les corps les plus robustes pouvaient être accablés. J'en dis autant de ceux qu'on portait dans un autre monde, et des prisonniers de toutes les conditions. La simplicité même des moins éclairés avait quelque chose de noble; et comme la plupart n'avaient rien appris que dans l'école de la piété, il était aisé de voir par cet exemple qu'elle l'emporte sur tous les maîtres de l'éloquence. J'ai vu tant de ces lettres, toutes belles, fortes, pleines des mouvements d'une dévotion solide et d'un véritable zèle, qu'on en pourrait faire un gros volume. »

(*Histoire de l'Edit de Nantes*, t. III, p. 966.)

Le second fragment confirme les faits racontés par Serres et par la lettre de Bousiges (app. IV). Après avoir dit que le navire qui transportait en Amérique les protestants fut obligé par le mauvais temps de relâcher à Cadix, Benoît ajoute que « des étrangers eurent pour eux cette compassion dont ils n'avaient trouvé en France ni les gouverneurs ni les intendants capables. Le gouverneur même de Cadix eut la curiosité de les voir, et fit un présent de fruits aux femmes, qui en firent part à tous les compagnons de leur misère. Des Français qui se trouvaient là sur quelques vaisseaux flamands y reconnurent de proches parentes et furent également affligés de leur malheur et consolés de leur constance. » (T. III, p. 976.)

TABLE DES MATIÈRES

VERSAILLES. — IMPRIMERIE CERF ET FILS, 59, RUE DUPLESSIS.

LIBRAIRIE ÉVANGÉLIQUE

4, RUE ROQUÉPINE, PARIS

OUVRAGES DE M. MATTH. LELIÈVRE

John Wesley, sa vie et son œuvre. 2 vol. in-12 (épuisé).

Cet ouvrage a été traduit en anglais, en allemand, en italien et en tamoul. Une seconde édition se prépare.

L'Apôtre des Cannibales. Vie de John Hunt, missionnaire aux îles Fidji. In-12 .... 3 fr. 50 c.

Cet ouvrage a été traduit en allemand.

Vie de J.-L. Rostan, le disciple de Félix Neff. In-12 avec portrait .... 2 fr. 50 c.

Cet ouvrage a été traduit en anglais.

Un missionnaire en Californie. Aventures et travaux du Rev. William Taylor parmi les chercheurs d'or. In-12 .... 3 fr.

Les prédicateurs pionniers de l'Ouest américain. In-12 .... 3 fr. 50 c.

Notice sur Paul Lelièvre, In-12 (épuisé).

Le Concile de Trente. Conférence. In-8 .... 60 c.

Consolez, consolez mon peuple. Discours de consécration. In-8 .... 40 c.

La fonction d'ambassadeur pour Christ. Sermon. In-8 .... 40 c.

VERSAILLES. — TYP. CERF ET FILS, 59, RUE DUPLESSIS.

www.ingramcontent.com/pod-product-compliance
Ingram Content Group UK Ltd.
Pitfield, Milton Keynes, MK11 3LW, UK
UKHW021045220726
13924UKWH00005B/2018

9 782019 958473